# 张衡继起者

## ——地震学家李善邦和他的朋友们

老 多／著

中国建筑工业出版社

**图书在版编目（CIP）数据**

张衡继起者：地震学家李善邦和他的朋友们 / 老多
著 . —北京：中国建筑工业出版社，2022.12
ISBN 978-7-112-27969-2

Ⅰ . ①张… Ⅱ . ①老… Ⅲ . ①李善邦（1902-1980）
—传记 Ⅳ . ①K826.14

中国版本图书馆 CIP 数据核字（2022）第 173802 号


策　　划：董　青
责任编辑：刘瑞霞　梁瀛元
责任校对：赵　菲

**张衡继起者——地震学家李善邦和他的朋友们**
老　多　著
\*
中国建筑工业出版社出版、发行（北京海淀三里河路 9 号）
各地新华书店、建筑书店经销
华之逸品书装设计制版
北京建筑工业印刷厂印刷
\*
开本：787 毫米×960 毫米　1/16　印张：18¼　字数：267 千字
2023 年 1 月第一版　　2023 年 1 月第一次印刷
定价：**59.00** 元
ISBN 978-7-112-27969-2
（40037）

本书献给已经去世多年的爸爸李善邦，献给过去、今天、未来奋斗在地震科学研究事业上的所有科学家们！

# 我的爸爸李善邦

　　广东省兴宁县叶塘镇田心村，有一家世代种田为生的普通客家人家。1902年10月2日，这家人的小儿子呱呱落地了。广东省兴宁县是粤东北丘陵山区中最大的一个盆地，大片的稻田当中，散落着一个个由客家围屋组成的小村庄。这里虽说不上是鱼米之乡，却也气候宜人，交通便利，只要不懒，种田人维持个温饱生活一般不成问题。孩子的父亲李慎初是一个勤劳又胸怀天下的农民。

　　小儿子两岁那年，李慎初用自己种田积攒下来的钱，在田心村办起这里第一所小学。家中的长子是这所小学的老师，小儿子便在哥哥的教导下成长着。这孩子虽然瘦弱，但天资聪颖，长辈们看着这个喜欢整天赤着脚在田埂上到处跑的瘦弱小男孩，多么希望他有一天能光宗耀祖。

　　孩子没有辜负长辈们的期望，20岁那年他考取了当时还很稀少的大学中的一所——国立东南大学。这家人虽不富裕，但整个家族为他凑足盘缠，让他踏上了求学之路。

　　进入东南大学物理系学习，4年的时间让他从一个赤着脚在田埂上跑的农村少年，变成了满腹物理化学知识，能说外国话的青年学子。毕业之后经朋友举荐，在南京谋了一个中学物理老师的职位，虽然吃粉笔末的差事并不富足，但比起农村的生活也已经是天壤之别。本想就此安身立命，可谁知道生不逢时，当时正值北伐战争关键时期，硝烟弥漫、战云密布，南京城里到处是孙传芳的败兵。一天他在街上碰见一群正在抢掠的游兵，吓得魂飞魄散，又不幸染上了当时很难治愈的肺病，咳嗽都带血，万般无奈之下，向朋友借了盘缠仓惶逃回了广东老家。

7年前的1920年12月16日，中国发生了一件大事，甘肃海原（今宁夏海原）发生特大地震，山崩地裂、房倒屋塌，一瞬间夺去了无数人的生命，这次特大地震震惊了世界。当时北洋政府地质调查所所长，著名地质学家翁文灏率队亲临现场考察。看到如此惨烈的地震灾害，翁先生决计要在中国开展地震科学研究事业。但当时的中国处于战乱之中，筹备工作非常缓慢。经过几年艰难的筹备，地震仪采购、地震台选址都有了着落，该招搞地震科学研究的人了！翁文灏找到清华大学教授叶企孙，希望他推荐一个人来专门从事此项任务，没有别的要求，只要是学物理的、英文好。叶企孙搜肠刮肚，突然想起他在东南大学任教时的学生，那个来自广东客家山的青涩少年正好符合要求，于是急发电报。

仓惶逃回老家以后，他总算交上一点好运，虽然不是衣锦还乡，但大学生在当时的粤北农村并不多见。不久以后他在县中学当上了堂堂教务主任，并兼任物理和英语教师。1929年与一位善良的女学生结为连理，建立了幸福的小家庭。妻子是富家小姐，经丈母娘的调养，他的肺病居然痊愈，小日子过得真是红红火火。突然间看到恩师的急电，一时不知所措。地震为何物，他一无所知，如何是好？新婚妻子说："你去吧！"

于是，顾不上过春节，抛下怀着身孕的妻子，只身来到北京复命，从此便开始了他为之奋斗一生的地震科学研究事业。

这个终生从事地震研究事业的人，就是本书笔者老多的爸爸、中国地震科学研究的先驱——李善邦先生。

李善邦先生，从1930年来到当时的农商部地质调查所，一直到1980年与世长辞，整整为中国的地震科学研究事业工作和奋斗了50年。

本书将要讲述的就是这50年前前后后，李善邦和他的朋友们，在中国地震科学研究事业从无到有，既艰苦卓绝，又卓有成就的过程中，一个个真实故事。

时，只能室内室外一个样，"全副武装"御寒。我和曾先生、张玉良秘书（研究室秘书兼曾先生助手），还有刚从苏联获得副博士学位学成回国的滕吉文先生，挤在15平方米的小办公室，艰苦过冬。突然有一天，北风呼号，李善邦先生顶着寒风，从温暖的办公大楼直奔小红楼二楼来找曾先生说话，他是有业务上的话要和曾先生说，但一见面便大声嚷道，"曾先生啊！我现在可知道，（这么冷）没有病也是会死的呀！"引得在办公室的所有人大笑。其实，那个时候，李先生刚过六十大寿，按时下的标准，正值英年。只因年轻时太过辛劳得过肺结核、咳过血，虽已钙化，但仍显屏弱。可是，他仍与年轻人一样说话中气十足、青春焕发、精神饱满地投入社会主义建设中。中国历史地震资料的搜集、整理，中国地震目录的编撰，中国地震危险区划，全国地震台网的建设，新丰江水库诱发地震的监测研究，三峡水库地震的监测与地震危险性评估……，都可以看到李善邦先生瘦弱的身影，处处留下了他的足迹。

"文革"后期，李先生在人身稍获自由之时，便开始了《中国地震》一书的撰写工作。可惜《中国地震》这部传世之作在他去世之后的1980年才得以出版，令人扼腕。

李善邦先生有一个令人钦羡的好习惯，就是记日记或记笔记。从1930年开始从事地震工作开始，便留下了弥足珍贵的记载。他的日记记事条理清楚、臧否人物畅快淋漓，文笔流畅、严谨而不失幽默，书写规范，错别字几乎绝迹，整齐而不刻板。李善邦先生还有一个好习惯，就是热爱摄影。他足迹遍及国内外、野外、室内，给我们留下了许多珍贵的镜头。这些画面，配上他的日记、笔记，简直就是一部中国近代地震学史概要！唯距今已年代久远，日记纸张颜色已泛黄，薄如蝉翼，宛如干裂的墙皮，一触即碎。

他最小的儿子，老多先生，举手投足，酷似乃父，现在是一位著作颇丰的科学普及作家，做了一件意义重大的好事，他将李善邦先生的日记整理出版，使一代又一代的地球物理学工作者得以更加清楚地了解、学习、继承与发扬老一辈科学家热爱祖国、求实创新的科学精神，团结协作、无私奉献的崇高品德，为国家与社会做出无愧于时代的贡献。我十分高兴看到并热烈祝贺《张衡继起者——地震学家李善邦和他的朋友们》这本书出版！

中国科学院院士、地球物理学家　陈运泰

2022 年 4 月 2 日

# 自序

　　2023年8月是李善邦先生和他的朋友们，在抗日烽火连天、极端艰难的情况下、在日本飞机狂轰滥炸下的重庆北碚，成功研制出张衡以后中国人制造的第一台现代地震仪——霓式地震仪诞生80周年。这个日子，作为李先生最小的儿子似乎不应该无视。

　　其实给爸爸写传的想法在好多年前就已经有了，但却一直举棋不定，不知该如何下笔，于是一直都没有动笔。是什么原因不知如何下笔呢？原因大概有两个。

　　第一个原因就是胡适先生说的："二千年来，几乎没有一篇可读的传记。因为没有一篇真能写生传神的传记，所以二千年竟没有一个可以叫人爱敬崇拜感发兴起的大人物！并不是真没有可歌可泣的事业，只都被那些谀墓的死古文骈文埋没了。并不是真没有可以叫人爱敬崇拜感慨奋发的伟大人物，只都被那些烂调的文人生生地杀死了。"[1] 我不知道如何才能写一本"叫人爱敬崇拜感发兴起的"传记。

　　第二个原因是，我觉得传记里的人物，他的所有功绩、所有伟大成就都不是他一个人可以完成，一个人可以创造的。就算是靠自己的观察提出日心说的伟大的哥白尼，他如果没有前辈托勒密极其精确的计算，以及更早的前辈千百年来的观察，还有前人创造的几何学，仅仅靠哥白尼自己，是完全

---

① 胡适著，胡适文存，三集，上海：上海科学技术文献出版社，2015，593页。

没有可能提出日心说的。写传记的目的，是让读者看到传记里的人物可以"叫人爱敬崇拜感慨奋发的"的精神，而不是空洞的口号和个人崇拜。所以只写一个李善邦，是不会让人"爱敬崇拜感发兴起的"。

尽管没有动笔，心里却总是惦念着，这些年来我会时不常地翻开爸爸留下的几本日记慢慢地读，我会被日记带到1930年代的北京鹫峰，1940年代的湖南水口山、西康攀枝花、重庆北碚，1950、1960年代的中关村。也经常会看到那些熟悉的名字：翁文灏、叶企孙、龙相齐、今村明恒、古登堡、李约瑟、李四光、竺可桢、赵九章，还有贾连亨、秦馨菱、谢毓寿、妈妈罗海昭，等等。还经常会被日记中的故事，"一灯如豆，或读或写，每至午夜，渐至身体不能支持"所感动。

2019年底，我以爸爸日记中提供的线索，去了一次日本东京。在朋友们的帮助下，我访问了1931年爸爸曾经求学的日本东京大学地震研究所，地震研究所还专门安排了老师与我会面。信息的不断积累，已经渐渐地让我跃跃欲试。而即将到来的2023年霓式地震仪诞生80年这一历史时刻，马上打消了我的所有顾虑，于是不是只写李善邦一个人的传记——《张衡继起者——地震学家李善邦和他的朋友们》动笔了。

下面大家将要看到的，研制成功张衡以后中国第一台现代地震仪——霓式地震仪的，是人类几千年文明的大背景下众多老一代科学家的身影，大家将要看到的不是一个李善邦，而是一幅科学家群像。

# 致谢

　　在本书的写作过程中得到了很多朋友的热情帮助，其中有陈运泰院士、李丽女士、许健生先生、黄静博士、肖春艳女士、封长华女士、张秀玲女士、李学勤女士、来贵娟博士、王红强博士、李学通博士、詹庚申先生、李晨阳先生、谢文森先生、张九辰女士、张尔平女士、侯江女士、党戴喜女士、修晨女士、侯雅玲女士、沈宏博士、陶宇女士、朱一凡女士等等，他（她）们的帮助让老多对很多问题有了更深入的理解，在这里老多一并表示由衷感谢！

　　感谢北京白家疃地球科学国家野外科学观测研究站的大力支持，白家疃至今还保存着许多珍贵的中国地震观测历史资料以及最新的地震观测资料，为此老多多次到白家疃，得到了他们的大力帮助。

　　还要特别感谢陈运泰院士和中国科学院科学史所的张九辰研究员，著名地质学家刘东生先生的女儿刘丽女士。陈运泰院士是与爸爸一起工作十几年的同事，他在八十多岁高龄，百忙之中修订了拙作，并且认真地核对了书中引录家父之日记，纠正了其中的错误，并为拙作作了序，让这本书的专业性再次提高。张九辰女士和刘丽女士则在百忙之中非常认真地阅读了老多的初稿，并为本书写了他们宝贵的读后感：《见证历史　与科学家对话》《感受前辈的精神世界》。

　　最后老多还要感谢本书的出版社——中国建筑工业出版社的编辑们，感谢编辑这本书的刘瑞霞主任和梁瀛元女士。她们在审阅、校对、编辑、排版时为老多提供了非常宝贵和美妙的修改意见、建议。尤其是这本书的封面设计，更是一个即有趣又有特殊意义的故事。开始，小梁编辑对我说，是不是可以请一位老先生为书名中的"继起者"三个字题个辞？于是我就迅速在脑子里搜索，哪位老先生的字写得好呢？突然转念一想，这三个字用爸爸的字岂不更有意义？于是我告诉小梁，我马上从爸爸的日记里找。于是就有了现在大家在封面上看到的出自李善邦先生的字迹"继起者"。"继起者"老多最早是从1943年7月27日《大公报》关于霓式地震仪研制成功的报道中看到的："是为自后汉张衡所制简单地震仪器后，国人之唯一继起者。"很有趣的是，在编辑过程中围绕"继起者"三个字，又一个故事发生了。因为这本书里涉及一些古文，于是出版社专门找了一位文献学专家刘帅同学把关。我从网上搜到的"继起者"是出于明末清初，经刘帅同学的专业检索考证，"继起者"这三个字唐宋时代已经出现，并为我提供了自唐朝以来一连串包含继起者的语句。其中："人称虎头为画中之圣，予又谓此卷为画中之神。八百年来，继起者亦多矣，诚无有愈于此者"一句马上吸引了我！我想若以这句推之，则从候风地动仪到一千八百多年后霓式地震仪，乃吾中华民族科学精神之"继起者"多矣！这个故事又为这本书增添了十分珍贵的历史意义，对此老多十二万分地感谢中国建筑工业出版社的编辑们！感谢刘帅同学！

# 目录

我的爸爸李善邦

序

自序

致谢


写在前面 / 001

引子 / 003

一　烛龙初探 / 005

二　再探烛龙 / 019

三　烛龙1930 / 035

四　虚心学习 / 057

五　霓式1943 / 113

六　永不停息 / 211

七　大事记 / 259


后记 / 263


历史并不沧桑 / 269

我与老多和他的科学家爸爸 / 271

见证历史　与科学家对话 / 273

感受前辈的精神世界 / 274

阳嘉元年，复造候风地动仪。以精铜铸成，员径八尺，合盖隆起，形似酒尊，饰以篆文山龟鸟兽之形。中有都柱，傍行八道，施关发机。外有八龙，首衔铜丸，下有蟾蜍，张口承之。其牙机巧制，皆隐在尊中，覆盖周密无际。如有地动，尊则振龙机发吐丸，而蟾蜍衔之……尝一龙机发而地不觉动，京师学者咸怪其无征，后数日驿至，果地震陇西，于是皆服其妙。自此以后，乃令史官记地动所从方起。[①]

《后汉书·张衡传》

根据《后汉书》的记载，东汉阳嘉元年（公元132年）在张衡成功制造出候风地动仪以后，地动仪上八条龙中一条龙的嘴张开了，龙嘴里含着的铜珠掉进蛤蟆的嘴里。可是，却没有人觉得有地震。怎么回事儿？学者们开始议论纷纷，张衡的地动仪不是骗人吗？"京师学者咸怪其无征"。可没过两天，驿站传令的驿卒传来消息，陇西发生地震了！"后数日驿至，果地震陇西"。陇西在甘肃西部，离京城洛阳千里之遥，候风地动仪记录到了千里之外，京城人根本察觉不到的陇西地震！顿时大家对张衡佩服得不得了，候风地动仪名声大振。皇帝命令从此用候风地动仪记录地震。"于是皆服其妙。

---

① [宋]范晔，[唐]李贤等译，后汉书，北京：中华书局，1956，1909页。

自此以后，乃令史官记地动所从方起。"

《后汉书》记载的，公元132年由张衡制造的候风地动仪记录的陇西地震，是中国历史上，也是人类历史上第一次用仪器记录地震的文字记载。

光阴如梭，时间来到公元1943年10月22日，这一天发生在重庆附近的一次地震被记录下来。这是用我国地震学家李善邦和他的朋友们研制成功的，中国人自己制造的第一台现代地震仪——霓式地震仪记录到的第一次地震，这次地震发生在当天8点30分45秒重庆附近。

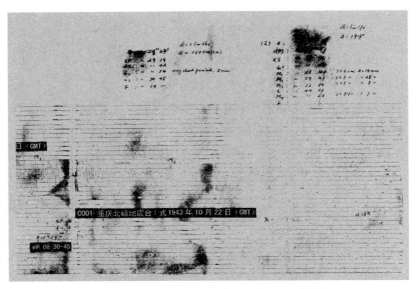

1943年10月22日北碚地震台记录的001号地震图

本书将要讲述的，就是百年前张衡继起者——李善邦和他的朋友们，在十分艰难的情况下，开展中国地震科学研究事业艰苦卓绝、点点滴滴的故事。

烨烨震电，不宁不令。

百川沸腾，山冢崒崩。

高岸为谷，深谷为陵。

《诗经·小雅·十月之交》

# 引子

　　地震灾害是地球上最可怕的自然灾害，没有之一。最令人恐惧的是地震发生之前毫无征兆，让人猝不及防，而且地震来势汹汹，翻江倒海，天崩地裂，"古代人民从经验首先认识到，地震是突然而来的，如《诗经》所写'不宁不令'，'不宁'是地不宁，即地动，'不令'是不通告给人们周知。其次认识到地震是来势迅猛，声如雷鸣，力足以改变山河面貌。"[1]

　　《山海经》里有这样一个故事："西北海之外，赤水之北，有辽尾山。有神，人面蛇身而赤，直目正乘，其瞑乃晦，其视乃明，不食不寝不息，风雨是谓，是烛九阴，是谓烛龙。"[2]

　　这条"不食不寝不息，风雨是谓"的烛龙是个什么怪物？有地震学家认为，烛龙就是中国古人想象中让大地颤抖，造成地震的怪兽："烛龙的蛇身长千里，潜伏地下，睁眼为昼，闭眼为夜……它深踞钟山下，不吃不喝不睡不喘气，保持大地的安宁平静，一旦气息通达，即化为劲风，大地震摇。"[3]

　　《山海经》这部古书不知出于何年何月，不过自从有了"风雨是谓，是

---

① 李善邦著，中国地震，北京：地震出版社，1981，171页。

② 【晋】郭璞注，宋本山海经，北京：国家图书馆出版社，2017，244页。

③ 冯锐，中国地震科学史研究，地震学报，2009，Vol.31。

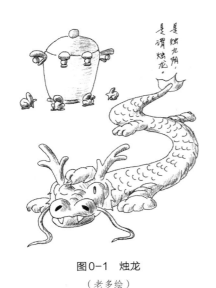

图0-1 烛龙

（老多绘）

烛九阴"的烛龙，寻找烛龙秘密的人也就随之诞生了。何为寻找烛龙秘密的人？就是研究地震之人、研究地震的科学家也。

寻找烛龙的秘密是一条漫漫的探索之路，路的起点是公元前1831年，那一年中国有了最早的地震记载："（夏帝发）七年泰山震"；将近2000年以后，公元132年（汉顺帝阳嘉元年），东汉的太史令张衡成功制造出人类历史上第一台地震仪——候风地动仪；又过了1600多年，公元1755年11月1日，葡萄牙首都里斯本发生强烈地震，现代地震学从此诞生。现代地震学诞生165年以后，1920年12月16日我国甘肃海原（今宁夏海原）发生特大地震，时任地质调查所副所长的翁文灏率队亲赴灾区调查，是中国现代地震学的开端；1930年北京鹫峰地震台建立，中国现代地震学起步；1937年抗日战争全面爆发，鹫峰地震台被迫关闭；1943年8月在抗日烽火之中，李善邦先生和他的朋友们在日本飞机狂轰滥炸的情况下，在重庆北碚成功研制出张衡以后中国人制造的第一台地震仪——霓式地震仪，并建立起当时中国唯一的地震台——北碚地震台，中国的地震研究事业再次起步。从1950年代到今天，中国人已经建立起具有世界先进水平的中国现代地震科学。

本书将要讲述的，就是在这将近5000年人类文明宏大背景下，中国地震研究事业从无到有的艰难历程。

下面我们就穿越将近5000年的时光，去回顾和见证这段光辉历史。

# 一　烛龙初探

　　作为现代科学的一门学科——地震学起步比较晚。现代地震学诞生于一次大地震——里斯本大地震以后。

　　1755年11月1日，葡萄牙首都里斯本突然发生强烈地震。地震夺去了全城1/3人口的生命（当时全城人口约27万人，死亡约9万人），毁掉了里斯本85%的建筑。震后的火灾烧毁了许多极为珍贵的图书资料，其中包括大航海时代伟大航海家达·伽马所有的详细航海记录。这次地震还引发了海啸。大航海时代造就的、曾经不可一世的海上霸主、殖民帝国——葡萄牙从此一蹶不振。不过葡萄牙的王室却幸运地躲过了这次地震，那天早上王室成员在教堂做完弥撒以后，离开里斯本不知到哪儿玩去了。9点多钟地震发生，国王和各位王公大臣躲过一劫。此后，首相马卢在调查和了解了地震发生的各种情况以后，提出了5个问题：（1）地震持续了多久？（2）地震后出现了多少次余震？（3）地震如何产生破坏？（4）动物的表现有无不正常？（5）水井内有什么现象发生？现代地震学就从这五个问题中诞生了。所以后来人们把葡萄牙首相马卢称为现代地震学的开山鼻祖。据说这些问题的答案至今还保存在葡萄牙国家档案馆里。

　　现代地震学虽然在18世纪才诞生，但在更加遥远的古代，中国人就已经开始寻找烛龙的秘密了。西方由于没有和中国一样连续记载的历史档案，所以西方人何时开始关注地震的问题不太清楚，可以了解到的、比较早关注地震的学者是公元前4世纪古希腊的亚里士多德（公元前384—公元前322年）。他的著作《天象论》第二卷第八章，专门探讨了地震的问题。他认为地震的成因是因为干湿两种气："世界上必然有湿的和干的两嘘出物，地震是这些嘘气必然要产生的结果。地球（大地）本身是干的，但由于降落有雨，它涵储了许多雨滴（水分）；当大地的水湿曝晾于太阳，又为地内火熏灼，其结果就发生相当大量的风，这些充塞于地外与地内的风，有时全要外流，有时则向内流，又有时乃分拆开来。"[①] 亚里士多德认为地震是因为大地积蓄的湿气和干气造成的，不过他没有记录具体的地震。

中国古代"风雨是谓，是烛九阴，是谓烛龙"的想象，没有亚里士多德的思考那么理性，但龙在中国是一种令人敬畏的图腾，所以烛龙是敬畏龙的中国人不能忽视的。可见中国人在非常遥远的古代就有了关于烛龙，也就是地震的记录，积累了大量关于地震的史料。"我国地震史料是很丰富的，记载亦很早。古人认天地人三才为一体，认为地宜宁不宜动，地若有动便是预示人事上将有变，这是王家（统治者）极关心的。我国历史，有文字可考的约四千年，自殷代（公元前1401年商王盘庚迁殷，改国号为殷）开始，王家朝廷即设有史官，辑记国家大事。王朝统治者迷信地震是天诫，于是，凡国土之内发生地震，史官便当作灾祥大事记下来。历史上最早的一条关于地震的记载是'夏帝发七年（公元前1831年）泰山震'载在《竹书纪年》上。"[②]中国从殷商开始，到明清时代的史官，在史书上记录了大量地震事件。逐渐地，地震记录不仅见于史官作的史书，"文化逐渐发展，人们从实践中得到日益增多的知识，地震事变渐渐不局限于史官的注意，而引起很多人的兴趣，各抒己见，论其成因及后果。于是同一地震可以有很多记载，有的是全面情况的叙述，有的专说一地区或一、二事件，写法有记事，有论说，不一而足，因此，地震记载是以多种形式散见于各种书籍。不仅史书上（包括正

---

① [古希腊]亚里士多德著，天象论宇宙论，吴寿彭译，北京：商务印书馆，1999，117页。
② 李善邦著，中国地震，北京：地震出版社，1981，170页。

史和野史）有关于地震的专门记载，其他如诗、文、小说、传记等，甚至一些小品文章，亦多有可资参考的地震资料。例如《聊斋志异》也有两节说地震的，经过考查都是真的。"① 得益于中国有如此丰富的记载，中国科学家在20世纪50年代，根据史书的记载编辑出《中国地震资料年表》（其实20世纪初就有学者写了最早的《中国地震目录》，只不过不是中文的，有关情况后面有李善邦先生的详细介绍）。科学家可以从几千年的记录中发现中国地震的分布情况，从分布情况中发现中国的几条地震活动带，这些史料对我国的现代地震研究起到了非常有益的作用。

而从史书上可知的，中国第一条（也是世界上的第一条）地震记录，是《竹书纪年》上记载的"夏帝发七年（公元前1831年）泰山震。"下面我们再摘录《中国地震资料年表》里几条地震记录：

公元前1189年（？）周文王八年 陕西（周）周文王立国八年，岁六月，文王寝疾五日，而地动东西南北，不出国郊。（《吕氏春秋·制乐》）②

公元前231年秦始皇帝十六年 山西（代）（赵王）幽缪王迁五年代地大动，自乐徐以西，北至平阴，台屋墙垣太半坏，地坼东西百三十步。（《史记·赵世家》）③

公元前70年 宣帝本始四年四月 山东郡国四十九地震，或山崩水出。北海、琅琊坏祖宗庙。诏被地震坏败甚者，勿收租赋，大赦天下。（《汉书·本纪》）④

公元前35年 建昭四年六月 陕西蓝田地震，沙石雍霸水，安陵岸崩，雍泾水，水逆流。（《汉书·本纪》）⑤

---

① 李善邦著，中国地震，北京：地震出版社，1981，178—179页。
② 中国科学院地震工作委员会编，中国地震资料年表，北京：科学出版社，1956，357页。
③ 中国科学院地震工作委员会编，中国地震资料年表，北京：科学出版社，1956，181页。
④ 中国科学院地震工作委员会编，中国地震资料年表，北京：科学出版社，1956，575页。
⑤ 中国科学院地震工作委员会编，中国地震资料年表，北京：科学出版社，1956，359页。

公元8年 王莽居摄三年春 陕西长安地震，大赦天下。[①]

从这五条关于地震的记载中我们看到了两次"大赦天下"，"大赦天下"是赦免人犯，这和地震有何关系呢？"王朝统治者迷信地震是天诫，于是，凡国土之内发生地震，史官便当作灾祥大事记下来。"那么王朝统治者如何对待地震这个天诫呢？咱们再来读一段《国语·周书》："幽王二年，西周三川皆震。伯阳父曰：周将亡矣！夫天地之气，不失其序；若过其序，民乱之也。阳伏而不能出，阴迫而不能烝，于是有地震。今三川实震，是阳失其所而镇阴也。阳失而在阴，川源必塞；源塞，国必亡。"[②]周幽王二年发生大地震，伯阳父（周幽王时的太史）说，周朝要灭亡了！然后他说出一大堆的理由，像什么"阳伏而不能出，阴迫而不能烝，于是有地震""川源又塞，塞必竭；源塞，国必亡。"周幽王一听吓坏了，问伯阳父那怎么办？伯阳父说：赶紧大赦天下啊！

从上面太史伯阳父的话我们可以看到，中国古代认为地震是因为阴阳顺序错乱而发生的，"阳伏而不能出，阴迫而不能烝，于是有地震。"这些想法与亚里士多德："世界上必然有湿的和干的两嘘出物，地震是这些嘘气必然要产生的结果"感觉有点异曲同工。亚里士多德不知道阴阳，他觉得有湿干两嘘出物，地震是嘘气必然要产生的结果。中国人则不知道有湿干两嘘出物，只知道有阴阳，认为阴阳不能错乱，阴阳错乱就会地震。东西方对地震的成因似乎有着很类似的思考，但西方没有史官，没有阴阳错乱的说法，也没有相信天诫的帝王，因此西方也没人把发生地震的事情记录下来。而中国相信阴阳错乱、有相信天诫的帝王，他们命令供养在宫廷里的史官，把国土之内发生的地震统统记录下来。史官们不敢怠慢，他们想尽办法从各地打探关于地震的信息，然后记下来，这一记就是几千年。于是历代史官就成了中

---

[①] 中国科学院地震工作委员会编，中国地震资料年表，北京：科学出版社，1956，359页。
[②] 左丘明撰，鲍思陶点校，国语，济南：齐鲁书社，2005，13页。

国历史上最早寻找烛龙秘密的人。

时间沿着历史长河继续流淌，从夏帝发七年（公元前1831年）来到了汉顺帝阳嘉元年（公元132年），这一年一位寻找烛龙秘密的人来了，他就是东汉汉顺帝的太史令张衡。他成功制造了全世界第一台地震仪——候风地动仪。不过张衡和前面说的、记录地震的史官不一样。记录地震的史官是朝廷命官，记录地震是奉皇帝之命，是为了完成朝廷交给他们的任务，而张衡是一位科学家，虽然他也是朝廷命官。关于科学家的张衡，李约瑟先生在他的巨著《中国科学技术史》里这样写道："中国在地震理论方面虽然并没有占领先的地位，但是地震仪的鼻祖则是出在中国，这一点是无可置疑的。这是卓越的数学家兼天文学家、地理学家张衡（公元78—139年）的贡献，关于张衡，我们在上面已多次提到，不少现代的西方地震学家，如米尔恩（Milne）、西伯格（Sieberg）和贝尔拉格（Berlage）等，都曾坦率地承认张衡在这一方面的巨大功绩。"[①] 李约瑟先生称张衡是地震仪的鼻祖、数学家兼天文学家、地理学家，而且是卓越的。那么公元132年的东汉，整个中国包括皇帝都坚定地相信神灵，相信地震是天诫，而且东汉是中国历史上荒诞迷信的谶纬之学最兴盛的时代，张衡怎么就能脱颖而出，成为一个卓越的科学家呢？正可谓时代造英雄，科学家张衡是时代造就的。

张衡生活在谶纬之学、迷信思想泛滥的东汉中期。什么是谶纬之学呢？谶纬之学是起源于远古时代祈福算命的原始迷信，这种思想一直流传，而且大受帝王的崇信。司马迁在《史记·秦始皇本纪》里讲了一个故事："始皇巡北边，从上郡入。燕人卢生使入海还，以鬼神事，因奏录图书，曰'亡秦者胡也'。"[②] 故事里的录图书就是"以鬼神事"预测未来的书，这部书据说是秦始皇派往东海求仙的卢生从海外取回来的，随即被迷信的秦始皇视为宝贝。

---

[①] [英]李约瑟著，中国科学技术史：第五卷 地学（第二分册），北京：科学出版社，1975，341—342页。

[②] 【汉】司马迁撰，【宋】裴骃集解，【唐】司马贞索隐，张守节正义，史记，北京：中华书局，2014，319页。

还有西汉的汉武帝，司马迁在《史记 武帝纪》里这样写道："余从巡祭天地诸神名山川而封禅焉。入寿宫侍祠神语，究观方士祠官之言，于是退而论次自古以来用事于鬼神者，具见其表里。"① 司马迁的意思是，他一直跟随汉武帝到处"巡祭天地诸神名山川而封禅焉"，研究自古以来的鬼神之事"退而论次自古以来用事于鬼神者，具见其表里"。就这样从秦始皇、汉武帝传递下来的各种求仙、事鬼神的迷信思想，到了东汉，就成了理所当然的社会风气。胡适先生是这样解释谶纬之学的，"谶字训验，是一种预言，验在后来，故叫做谶。纬是对于经而言，织锦的纵丝为经，横丝为纬。图谶之言都叫做纬书，以别于经书。"② 胡适先生的意思是，谶纬之学的谶就是算命以后，应验的结果，纬就是用应验结果编的书。谶纬其实就是算命，胡适先生接着写道："光武（刘秀）末年，起初灵台、明堂、辟雍，又宣布图谶于天下。明帝、章帝继续提倡这一类的书，遂使谶纬之书布满天下。"③ 这就是谶纬迷信最为猖獗、横行的东汉时代。

而就在这样的东汉，却出现了中国历史上著名的，对谶纬迷信提出严厉质疑和批判、高举批判思维大旗的三位学者，他们就是王充、王符、仲长统。王充的《论衡》大家都很熟悉。胡适先生这样评价王充的哲学："他的哲学的宗旨，只是要对于当时一切虚妄的迷信和伪造的假书，下一种严格的批评。"④ 李约瑟先生则是这样评价的："王充是中国任何时代里最伟大的人物之一，并非全不恰当地常被称为中国的卢克莱修。他在中国科学史上的功绩已受到近代中国科学家和学者们的高度评价，例如可见于王琎和胡适等人的论文中。"⑤（卢克莱修Titus Lucretius Carus，约公元前99年—约公元前55年，古罗马时代哲学家，著有《物性论》一书。他反对神创论，认为只要人可以

---

① 【汉】司马迁撰，【宋】裴骃集解，【唐】司马贞索隐，张守节正义，史记，北京：中华书局，2014，608页。

② 胡适著，中国哲学史大纲：卷上卷中，南宁：广西师范大学出版社，2013，310页。

③ 胡适著，中国哲学史大纲：卷上卷中，南宁：广西师范大学出版社，2013，311页。

④ 胡适著，中国哲学史大纲：卷上卷中，南宁：广西师范大学出版社，2013，315页。

⑤ [英]李约瑟著，中国科学技术史：第二卷 科学思想史，北京：科学出版社，1990，395页。

解释自然现象，那么任何宗教都没有意义。）

关于这三位高举批判思维大旗的学者，南朝学者范晔编纂的《后汉书》里有专门一卷《后汉书·王充王符仲长统列传》。这一卷范晔在谈王符时这样写道："王符字节信，安定临泾人也。少好学，有志操，与马融、窦章、张衡、崔瑗等友善。"[1] 范晔说，王符的好朋友里就有张衡。原来张衡和王充、王符、仲长统都是一个朋友圈里的朋友，都是对迷信思想提出严厉批判的学者。卓越的科学家，数学家兼天文学家、地理学家、地震仪的鼻祖——张衡的科学思想就诞生于东汉那个迷信思想横行的时代，诞生于对迷信思想的质疑和批判之中。

张衡的事迹也是范晔编纂的《后汉书》中的重要内容，即《后汉书》卷五十九《张衡列传》。《张衡列传》里大家最熟悉的内容，就是关于候风地动仪的，对范晔谈张衡本人的内容，关注的也许就不那么多了。而一个东汉的朝廷命官，最终成长为一个科学家，就像哥白尼作为一个基督教神父，成为现代天文学开创者一样，是有原因的，原因就包含在这个人的成长经历之中。所以咱们先来关注一下张衡这个人，看看是什么样的成长经历让张衡从一个封建朝廷的官员，成长为一个制造出全世界第一台地震仪——候风地动仪的科学家。

> 张衡字平子，南阳西鄂人也……衡少善属文，游于三辅，因入京师，观太学，遂通五经，贯六艺。虽才高于世，而无骄尚之情。常从容淡静，不好交接俗人。永元中，举孝廉不行，连辟公府不就。时天下承平日久，自王侯以下，莫不逾侈。衡乃拟班固《两都》，作《二京赋》，因以讽谏。精思傅会，十年乃成……大将军邓骘奇其才，累召不应。
>
> 衡善机巧，尤致思于天文、阴阳、历算……安帝雅闻衡善术学，公车特征拜郎中，再迁为太史令。遂乃研阴阳，妙尽璇机之正，作浑

---

[1]【宋】范晔，【唐】李贤等注，后汉书，北京：中华书局，1956，1630页。

天仪，著《灵宪》《算罔论》，言甚详明。

顺帝初，再转，复为太史令。衡不慕当世，所居之官，辄积年不徒。自去史职，五载复还。①

《张衡列传》里这段用现在的话说，就是张衡的简历，是现在猎头公司最关心的"resume"。范晔说，他叫张衡，字平子，是南阳西鄂人（河南南召县）。他从小就爱读书，后来在京师的太学，通读了五经，学惯六艺之学。他的学问这么高，却一点都不骄傲自大。他不喜欢做官，但他仿照班固所作两都赋（即《西都赋》《东都赋》），作了《西京赋》和《东京赋》（也称为《二京赋》），给朝廷建言。张衡怎么还因为"时天下承平日久，自王侯以下莫不逾侈"，而给朝廷建言呢？这就要回到东汉那个时代去看，自从公元25年刘秀定都洛阳东汉建立以后，到张衡的时代，已经有100年的时间，这100多年天下太平，于是王侯们开始追求奢靡的生活，社会上则大肆流行谶纬迷信。于是一些心中有理想，抱有治国平天下之家国情怀的知识分子，就会站出来建言朝廷，希望这样的社会风气能有所改变。像王充、王符、仲长统就是这样的学者。王充这样曾自述道："充既疾俗情，作《讥俗》之书；又闵人君之政，徒欲治人，不得其宜，不晓其务，愁精苦思，不睹所趋，故作《政务》之书。又伤伪书俗文多不实诚，故为《论衡》之书。"王充写《讥俗》《政务》《论衡》和班固写《两都赋》、张衡写《二京赋》一样，都是为朝廷建言。

东汉中期著名的外戚大将军邓骘，对张衡的才能非常欣赏，想把他招入麾下，但张衡没答应。后面范晔就开始讲张衡的科学奇才了："衡善机巧，尤致思于天文阴阳历算"。所谓善机巧，就是熟悉机械制造。"致思于天文阴阳历算"，就是不但仰望星空还会计算历法。那时中国人计算历法是用几何学的割圆法计算月亮的运行。从这几句可知，张衡真的像李约瑟先生说的

---

① 【宋】范晔，【唐】李贤等注，后汉书，北京：中华书局，1956，1857—1858页。

那样，是"卓越的数学家兼天文学家、地理学家"。现在想做一个"卓越的数学家兼天文学家、地理学家"，没有好奇心基本不可能。1800多年前，没有好奇心照样不行。张衡生活的时代和现在不一样，现在我们生活在互联网时代，科学已经是基本共识，张衡生活的时代却是迷信、谶纬之学最猖獗的时代。那时候的人，包括皇帝在内，都坚信这个世界是由神灵操纵的，人间的吉凶祸福都操于神灵之手，是受神灵左右的。此时的张衡却可以"善机巧，尤致思于天文阴阳历算"，如果没有好奇，没有对迷信和谶纬之学的批判精神，是做不到的。张衡的作为得到汉安帝的欣赏，汉安帝把张衡征招进宫，又升迁为太史令，所以张衡这个太史令不是靠溜须拍马，走关系走后门当上的，而是因为汉安帝"雅闻衡善术学，公车特征拜郎中，再迁为太史令"。

接着范晔说，在汉安帝时代，张衡造了一台浑天仪，并写了《灵宪》《算罔论》两篇文章。这是两篇科学论文。《灵宪》谈的是天文学，是描述浑天说和中国古代宇宙理论的。《灵宪》的开篇，张衡这样写道："昔在先王，将步天路，用之定灵轨，寻绪本元。"这几句话还没有脱离当时大家公认的迷信思想，不过接下来几句就不是迷信了："皇极有逿建也，枢运有逿稽也。乃建乃稽，斯经天常。"[1] 这几句话啥意思呢？是说天体的运行是自然而然的，不是被神灵左右的，不是传递吉凶祸福预兆的。所谓"逿建""逿稽"，就是悠然而建，悠然而停，"逿"就是"悠"，悠然就是自然而然。这几句话体现了张衡客观的、科学的自然观、宇宙观。这样的思想与东汉盛行的荒诞愚蠢的谶纬之学是完全背道而驰的，因此《灵宪》也是对当时迷信思想的批判。而《算罔论》谈的是数学，遗憾的是这篇文章失传，我们再也读不到了。从范晔写的简历，张衡的人生经历，以及他写的《灵宪》和《算罔论》，我们可以了解到，生活在公元100年左右东汉时期的张衡，之所以可以成长为"卓越的数学家兼天文学家、地理学家"，成为制造出全世界第一台地震

---

[1] 【宋】范晔，【唐】李贤等注，后汉书，北京：中华书局，1956，3215页。

仪——候风地动仪的伟大科学家，不是偶然的，是和他的成长经历、他的好奇心、他的批判思维以及他用自己的脑子思考，而不是让神灵左右息息相关的。张衡和哥白尼有点像，哥白尼虽然比张衡晚了1400多年，但哥白尼的时代也是欧洲绝大多数人都坚定地相信神灵的时代，哥白尼却用自己的好奇心、批判思维，用他客观的观察和思考，吹响了现代科学的号角，开创了现代天文学。张衡则是世界上第一个试图用客观的方法研究地震，寻找烛龙秘密的人。

接下来《张衡列传》就开始写最著名的，张衡造的候风地动仪的故事了。这个故事不但在中国著名，在外国也非常著名，著名的程度可以从李约瑟先生《中国科学技术史》第五卷看到："在《后汉书·张衡传》中载有关于张衡所发明的地动仪的原始材料，而且叙述得颇为详尽。这段原文已不止一次被译成西文或者用西文作了注释。"[1] 在这段话的脚注中，李约瑟先生列举了六位把这段原文译成西文或日文的西方或日本学者的名字：Pelliot & Moule；Imamura（今村恒明）[2]；Forke；H. A. Giles；Waley；Milne。[3]

下面咱们就来读这段"不止一次被译成西文或者用西文作了注释"的《张衡列传》：

> 阳嘉元年，复造候风地动仪。以精铜铸成，员径八尺，合盖隆起，形似酒尊，饰以篆文山龟鸟兽之形。中有都柱，傍行八道，施关发机。外有八龙，首衔铜丸，下有蟾蜍，张口承之。其牙机巧制，皆隐在尊中，覆盖周密无际。如有地动，尊则振龙机发吐丸，而蟾蜍衔之。振声激扬，伺者因此觉知。虽一龙发机，而七首不动，寻其方面，乃知震之所在。验之以事，合契若神。自书典所记，未之有也。尝一龙机

① [英]李约瑟著，中国科学技术史：第五卷 地学（第二分册），北京：科学出版社，1975，343页。
② 陈运泰先生补注。
③ [英]李约瑟著，中国科学技术史：第五卷 地学（第二分册），北京：科学出版社，1975，343页脚注③。

发而地不觉动，京师学者咸怪其无征，后数日驿至，果地震陇西，于是皆服其妙。自此以后，乃令史官记地动所从方起。

关于张衡的候风地动仪，现在大家说法各异，评价也各异。我们来看看地震学家李善邦先生在《中国地震》里是如何评价候风地动仪和张衡的发明的：

> 据《后汉书·张衡传》中的描述，说他的仪器"中有都柱"，意即内有大铜柱，他正是巧妙地利用了其惯性，在地动的一刹那，铜柱还来不及紧跟着动时，成为了暂时静止的运动参考点。人们认识物体之有惯性是在十七世纪从牛顿开始的，张衡时代，还无此一说。但我们知道张衡是与天、地运动打交道的天文学家，观察分析能力很强，也可能是他从日常经验中得到了启发。例如桌几移动时，上面若放着座小身高的东西，则常因重心的压力，被迫倒下，而不跟着移动。这就是惯性作用，那时虽未有惯性之说，而其理则一。
>
> 拾震是设计制造地震仪器的关键，张衡首先解决了这个问题，这是个伟大的发明。[1]

李善邦先生认为，张衡是第一个以惯性原理设计了地震仪拾震器的人："拾震是设计制造地震仪器的关键，张衡首先解决了这个问题，这是个伟大的发明。"直到今天，地震仪仍然在使用惯性拾震方法。

评价古代的科学发明，不是要求发明家在几千年前的古代，发明和今天一样的科学仪器，而是要回到发明家生活的时代去评价其发明的意义。所以评价张衡地动仪，不是用现代地震仪的概念去套候风地动仪，用现代的概念去评价1800多年前张衡的候风地动仪，而是要回到现代科学还没有诞生

---

[1] 李善邦著，中国地震，北京：地震出版社，1981，53页。

的1800多年前，回到惯性概念"还无此一说"的时代，回到提出惯性理论的牛顿出生前1500年。而那时的张衡却凭自己的智慧，通过他的观察、思考，首先发现地震是可以通过物体的惯性进行测定的，并制造出一台"中有都柱"，利用惯性拾取地震的候风地动仪。因此我们对张衡的评价是，在1800多年前，在大家都坚信神，坚信地震是天诫的时代，张衡勇敢地抛弃神的观念，用自己的观察和客观的、理性的思考去对待地震，并制造出全世界第一台地动仪——候风地动仪。更可贵的是，候风地动仪利用惯性的拾震原理与方法，直到今天仍然是地震仪拾震的主要原理与方法之一。

图267　张衡公元132年所造世界上第一架地震仪的外形
（由李善邦复原）

图1-1　图片摘自李约瑟《中国科学技术史》第五卷地学第二分册

据史料记载，张衡地动仪在他生活的时代得到了运用，验证了地动仪的灵敏度。对此李约瑟先生写道："从《后汉书》中，我们可以知道一些关于张衡在世时所发生的几次地震的情况。从公元46年起到汉末为止，五十多个郡共发生过二十五次较大的地震。在张衡所发明的地动仪已达到完美程度之前的几十年当中，单单京都一个地方就发生了三次地震。在这以后，即在公元133年和135年，又发生了两次曾使京都遭到损失的地震。公元138年，又有一次以陇西为震中的严重地震，这次地震（或者与这次地震有关的震动）很可能已成为检验地动仪的灵敏度的好机会。"[①]

可张衡发明的候风地动仪为什么没有被流传下来，只留下《后汉书·张衡列传》里的记录呢？关于地动仪的流传，李善邦先生在《中国地震》里这样写道："张衡地动仪原物早已遗失。东晋末年，公元418年，当刘裕打回长安，获得张衡制的浑天仪、土圭及历代宝器时，在其奏章内已没有提到地动仪了。《魏书·信都芳传》中说，信都芳著有《器准》一书，对浑天仪及地动、铜鸟、候风等机巧仪器都给了绘图、演算和说明；又《隋书·临孝恭传》也说到临孝恭著有《地动铜仪经》，阐述了地动仪的机械原理，可惜这些著作都已失传。"[②] 对于这个问题，李约瑟先生在《中国科学技术史》里也有类似的论述："论述候风地动仪的人，通常都把这项发明看作是一种后继无人的偶然成功。但是，这种看法大概是不符合事实的，因为我们在文献中至少还可找到两则关于这类仪器的报道，而且年代都在张衡以后的数百年当中。"[③] 后面李约瑟先生也举了六世纪北齐数学家信都芳和七世纪临孝恭的例证，他用白话文引用了《魏书·信都芳传》："他曾经对他的朋友说'每当我为算术这门非常机巧精致的艺术陷入沉思时，我甚至连打雷的声音也听不见了。'他精通算术的事终于被高祖皇帝知道了，因而高祖皇帝便聘请他去当幕客。……他曾写了一本名为《器准》的书，书中描述了浑天仪、候风地动仪、利用流体静力学的器具和刻漏等，并且还附图加以说明。……后来，临孝恭继承了这项学问，《隋书》记载说：临孝恭精通天文学和算术……他

---

① [英]李约瑟著，中国科学技术史：第五卷 地学（第二分册），北京：科学出版社，1975，355页。
② 李善邦著，中国地震，北京：地震出版社，1981，177页。
③ [英]李约瑟著，中国科学技术史：第五卷 地学（第二分册），北京：科学出版社，1975，355页。

写了……《地动铜仪经》（一卷）……。"①

　　遗憾的是，如李善邦先生所说："张衡地动仪原物早已遗失。"虽然《后汉书》上关于候风地动仪的工作原理记载得相当清楚，但地动仪具体的结构却没有留下任何信息。那么在历史上候风地动仪对中国的地震记录起到过一些积极作用吗？根据20世纪50年代中国科学家编著的《中国地震资料年表》，我们会有一个发现，如果把张衡发明地动仪的日期作为一个节点，那么从节点以前和节点以后各500年地震记录的比较中可以发现，记录地震的次数大不相同。比如节点以前，河北省有3次地震记录，而节点以后增加到9次；山西省在节点以前是5次地震记录，节点以后增加到37次。所以，张衡并没有死，虽然"张衡地动仪原物早已遗失"，但他希望以客观、理性的方法记录地震的思想留下了，并得到了传承。

① [英]李约瑟著，中国科学技术史：第五卷 地学（第二分册），北京：科学出版社，1975，356—357页。

　　历史长河继续流淌，时间来到公元1920年12月16日晚上8点，中国甘肃海原（今宁夏海原），人们已经昏昏入睡，突然间地动山摇，山崩地裂，烛龙再次发威！人类历史上有记录的超级大地震发生了，20多万人非死即伤……这就是20世纪发生在中国的寰球大震——海原大地震。

　　及1920年冬，西北地区海原大地震，死人二十万，震惊了全国上下。地质调查所，责无旁贷，所长翁文灏亲自率队到地震区调查。这是我国地质学家第一次科学地进行地震调查，与历史上大地震发生后，朝廷派遣钦差大臣到现场抚慰，不可同日而语。从此，地质调查所的工作，便兼顾起我国地震地质方面的问题。[①]

　　现代地球科学，在我国发展较晚，到了清末，北京京师大学堂才设有地质学科。民国成立后，1911年南京中央政府实业部设立地质科，迁北京后，又创办了地质讲习班，以培养人才。1916年有了毕业生，遂将中央实业部地质科扩大为地质调查所……至此，我国现代地学教育和调查研究，才算正式开始。[②]

---

① 李善邦著，中国地震，北京：地震出版社，1981，2页。
② 李善邦著，中国地震，北京：地震出版社，1981，1页。

图2-1　翁文灏（左）在海原考察

　　李善邦先生这里说的地质调查所，是中国历史上建立的第一个现代科学研究机构，中国现代地震科学事业就诞生在地质调查所。

　　地质调查所成立于1913年，这个科学机构开始于一个地质讲习班，讲习班由中国地质学三位开拓者执教，他们是章鸿钊（1911年毕业于东京帝国大学地质系）、丁文江（1911年毕业于英国格拉斯哥大学）和翁文灏（1912年毕业于比利时鲁汶大学，中国历史上第一个地质学博士）。"1916年6月，30名学生中有21人完成全部学业，18人获得毕业证书，其中有叶良辅、谢家荣、王竹泉……，后来都进入地调所，成为我国最老一辈的著名地质学家。1916年7月，地质调查所正式开始工作，所址从原来的粉子胡同迁到丰盛胡同。"[①] 地质调查所的建立结束了过去中国地质科学只属于外国科学家的局面，刚毕业的18位年轻科学家在3位前辈的带领下，干劲十足，亦成绩斐然，"地质调查所刚刚成立3年，民国北京政府工商部矿物司长张轶欧就指出：'民国凡百设施，求一当时可与世界学子较长短，千百载后，可垂名于学术史者，惟此所（即地质调查所）而已。'"[②] 蔡元培亦称地质调查所是

① 程裕淇、陈梦熊主编，前地质调查所（1916—1950）的历史回顾——历史评述与主要贡献，北京：地质出版社，1996，2页。
② 张九辰著，地质学与民国社会，济南：山东教育出版社，2005，16页。

"中国第一个名符其实的科学研究机构"。[①]

亲自率队赴海原地震灾区调查的翁文灏先生当时是地质调查所副所长。关于翁文灏我们来读一段书：

　　翁文灏是浙江宁波人，光绪十五年（1889年）出生在一个富商家庭，6岁生母去世，在祖母和继母的养育下长大。13岁参加县试，登上秀才榜。1905年光绪皇帝降旨废除科举，1906年翁文灏转学新学，入上海震旦学院读书。1908年毕业以后正好赶上朝廷在浙江招考留学生，那时候考官费留学生比现在似乎更难，这次浙江考试的科目包括国文、论说（题目为"礼失而求诸野论"），历史，算数、代数，拉丁文、法文或德文；化学，地理，解析几何，英文论说。不过这些都没有难倒翁文灏，鄞县翁文灏以第七名被录取。10月3日，翁文灏离开上海，"由浙江旅沪学会会员李昌祚率领，自上海'利照'轮负笈西行。于当年11月5日抵达比利时首都布鲁塞尔。就在这一年的11月14日，光绪皇帝驾崩，15日，慈禧也跟着去了天国。

　　1909年，翁文灏通过了比利时鲁汶大学艺术和制作、土木工程与矿业学院（des arts et manufactures, du genie civil et des mines）的入学考试，攻读地质学、矿物学、博物学、动物学、古生物学等。鲁汶大学创办于1425年，是欧洲最古老也是最著名的学府之一。在比利时学习期间，翁文灏利用暑假在法国、英国等国，以及比利时各地进行地质考察。1912年辛亥革命成功，鲁汶大学"首悬新国旗致敬"。这一年的9月左右，翁文灏以一篇题为《勒辛地区的含石英玢岩研究》的博士论文，被授予理学（矿科）博士学位，论文被评为最优秀并在鲁汶大学地质专刊发表，这是中国人写的第一篇地质学博士论文，翁文灏也成为中国历史上取得地质学博士学位的第一人。

① 高平叔编，蔡元培论科学与技术，石家庄：河北科学技术出版社，1985，294页。

1912年12月，翁文灏乘船回国，1913年年初达到上海。回国以后一家英国洋行——泰和洋行盛邀翁文灏出任总工程师。"翁文灏考虑以后，觉得自己学的是地质学，志在从事地质研究，去做总工程师，学非所用"①，另外他这个在外国学习了地质学的中国热血青年，十分不愿意看到外国人在中国的土地上争夺资源，于是婉言谢绝了邀请。第二年，初也就是1914年年初，翁文灏受邀赴北京担任地质研究所讲师，讲授地质通论和岩石学课程。后来他自己回忆道："他们约我到地质研究所去教书，薪水是60元一月。因为这种工作很合我的素志，我就一口应承。"②

以上摘自《贪玩的人类——穿越百年的中国科学》。

那么由地质调查所副所长翁文灏率队的，"与历史上大地震发生后，朝廷派遣钦差大臣到现场抚慰，不可同日而语"的调查怎么样呢？

4月15日，率地震调查组离京赴甘肃地震灾区调查。北京政府由内务、教育、农商三部组成联合调查组，派翁文灏负责，率谢家荣（农商部）、王烈、杨警吾（教育部），苏本如、易受楷（内务部）等赴甘肃地震灾区调查。调查组经绥远、包头、隆兴长（五原）、银川到兰州。在兰州稍驻，并往观阿干镇煤田后，调查组即分三路：谢家荣西向由青海，越祁连山至玉门油田，然后经肃、甘、凉三洲而返……翁文灏自阿干镇东行，所经地区有定西、会宁、隆德、固原、海原、平凉和镇原。调查期间，余震不断，其中4月12日、8月30日发生了6.5级和5级左右强余震……由于条件艰苦，营养不良，又极少休息，翁文灏劳累过度，在行至镇原附近时，双腿浮肿，得了"软脚病"……在进行实地调查的同时，他们还采用给灾区各县知事发调查表的方式，进行函调，广泛搜集灾情

---

① 李学通著，翁文灏年谱，济南：山东教育出版社，2005，15页。
② 李学通著，翁文灏年谱，济南：山东教育出版社，2005，16—17页。

及各种宏观现象，共收回调查表三四十份。返京后，翁文灏撰写了数份报告，并附有拍摄的灾情照片。据翁文灏调查统计，此次因地震死亡之人数共达246004人。翁文灏等人所作的调查是十分宝贵的，所得大量的第一手资料，直到今天仍然具有很高的科学价值。这次调查是我国地震史上第一次对大地震所做的全面而详细的科学调查。①

翁文灏先生的这次调查，也是中国现代地震学的开疆之作，中国的现代地震学研究就此诞生。

9月1日，在中国科学社于清华学校举行的讨论会上，发表题为"甘肃地震考"的演说。因身体未愈，由丁文江代读。翁文灏参考中国史籍和地方志上记载的大量有关地震的材料，做出统计，揭示了自公元前8世纪以来甘肃地震发生和发展的规律，并认识到甘肃地震是有周期性和震中迁移的规律性的。黄汲清认为："翁氏是研究中国地震地质的第一人。"②

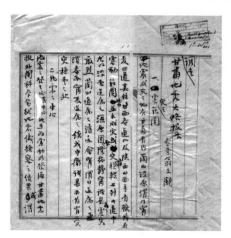

图2-2 翁文灏先生的海原地震调查报告

（李学通先生提供）

---

① 李学通著，翁文灏年谱，济南：山东教育出版社，2005，32页。
② 李学通著，翁文灏年谱，济南：山东教育出版社，2005，32—33页。

图2-3　调查报告中的灾情照片

(李学通先生提供)

调查结束以后翁文灏先生即陷入了深深的沉思，他看到，当时的中国，无论政府还是科学家，面对如此惨烈的大地震，竟是如此地束手无策！这样下去怎么能行？而在海原大地震发生时，世界上有近百个地震台记录到了这次强烈地震，其中包括上海徐家汇由法国人建的现象台（见图2-4），可那时的中国却还与现代地震科学毫无关系，更不用说地震台了。此时作为地质调查副所长的翁文灏感到，中国该有人专门研究地震这件事，到了该用现代科学方法寻求烛龙秘密的时候了！

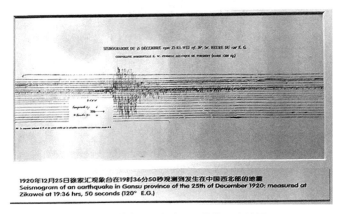

图2-4　徐家汇观象台记录的海原大地震

(老多摄于徐家汇气象博物馆)

　　不过发展一个新的科学研究领域可不是一件容易的事情，研究用的人员、仪器、场地，最重要的还有资金的筹集。这些硬件、软件都需要准备，必须一步一步去实现，而当时国内的时局又十分不稳定，只好等一等了。但是，你想等，老天爷却一点等的意思都没有。在海原地震发生以后，1923年3月24日四川炉霍发生7.3级地震；1925年3月16日云南大理发生7级地震；1927年5月23日甘肃古浪又发生8级地震。大地震接二连三地发生，一次次地夺走无数无辜的生命、毁坏着无辜百姓的家园，开展地震研究已经迫在眉睫。于是为地震研究筹备资金、购买仪器设备、寻找研究人才等任务就重重地落在了翁文灏先生身上。

　　开展地震科学研究首先需要人，此时翁文灏先生想到了自己的好友，清华大学物理系教授叶企孙先生，他恳请叶企孙教授寻一个可以从事地震科学研究的人才，条件只有两个——学物理的，英文要好。叶企孙教授是中国20世纪20年代以后成长起来的几乎所有著名科学家的恩师，大家都毕恭毕敬地称他为"叶师"，从20世纪20年代开始一直到他去世，叶企孙教授曾任教于东南大学、清华大学、北京大学物理系，他的学生中著名科学家有：

　　赵忠尧，中国核物理、中子物理、加速器和宇宙线研究的先驱和启蒙者。1924年毕业于东南大学物理系。

　　施汝为，物理学家，中国近代磁学的奠基者和开拓者之一，建立了中国首个磁学实验室。1925年毕业于东南大学物理系。

　　柳大纲，物理化学、无机化学家。1925年毕业于东南大学化学系。

　　李善邦，地震学家，中国地震科学事业的开创者，最早的地震地球物理学家之一。1925年毕业于东南大学物理系。

　　王淦昌，核物理学家，中国惯性约束核聚变研究的奠基者。1929年毕业于清华大学物理系。

　　施士元，当代核物理学家、教育家，被称为"中国的居里夫人"吴健雄的导师。1929年毕业于清华大学物理系。

　　赵九章，著名气象学家、地球物理学家和空间物理学家。1933年毕业于清华大学物理系。

彭桓武，理论物理学家。1935年毕业于清华大学物理系。

王竹溪，物理学家、教育家，热力学统计物理研究的开拓者。1935年研究生毕业于清华大学物理系。

王大珩，光学专家，中国光学界的重要学术奠基人、开拓者和组织领导者。1936年毕业于清华大学物理系。

钱伟长，我国近代力学之父。1937年研究生毕业于清华大学物理系。

钱三强，我国两弹一星元勋。我国核物理和核武器的奠基人。1936年毕业于清华大学物理系。

何泽慧，物理学家，被誉为"中国的居里夫人"，钱三强夫人，1936年毕业于清华大学物理系。

林家翘，数学家，在流体力学、应用数学领域享誉国际学术界，美国加州理工大学教授。1937年毕业于清华大学物理系。

杨振宁，从事统计物理、粒子物理理论和量子场理论等方面的物理学家，诺贝尔物理学奖获得者。1944年研究生毕业于西南联大物理系。

李政道，从事量子场论、基本粒子理论、核物理、统计力学、流体力学、天体物理等方面的研究工作，诺贝尔物理学奖获得者。1945年进入清华大学物理系。

叶企孙教过的学生的名单还可以继续列下去，名单中的人有些可能如雷贯耳，有些耳熟能详，有些可能不知道，无论怎么样，他们都是中国甚至世界科学界大师级人物。据统计，叶企孙先生的学生里有79位中国科学院院士，还有不知多少美国科学院院士。关于叶企孙教授，不得不多说几句。

叶企孙原名叶鸿眷，是拿着庚子赔款到美国读书的海归。1911年叶鸿眷考入当时刚刚从"游美肄业馆"改名为"清华学堂"的留美预备学校，不过由于发生辛亥革命，刚刚开学不久的"清华学堂"被迫撤销，1913年他又以叶企孙的名字再次考入恢复后的清华学堂。那时的清华学堂和现在的清华大学完全不一样，清华学堂学制比较特别，学校的章程规定，清华学堂分为初等和高等两科，各科学制为四年。其实清华包括大学预科，也就是初三到高三，还有大学一二年级。清华还有个更特别的规定，那就是除了要学习各种（那时不分文科和理科）知识以外，还必须参加体育活动和社会性活动，所谓社会性活动就是学生自发创办的社团或者兴趣小组。而且参加体育活动和社会性活动不是说说而已，这两项是要算学分的！叶企孙在清华念书的时候就办过一个叫"科学社"的兴趣小组，这个科学社比任鸿隽等人在美国康奈尔大学办的中国科学社说不定还早。1918年，20岁的叶企孙从清华学堂毕业，踏上了5年的留学美国之旅。

图2-5　叶企孙先生（左）

（李善邦摄）

叶企孙到美国以后进入芝加哥大学物理系，芝加哥大学至今都是美国最顶尖的大学之一，到2020年为止，从这所大学毕业的诺贝尔奖得主就有100个，其中包括杨振宁、李政道（他们俩都是叶师的学生）等华裔物理学家。而芝加哥大学物理系最出类拔萃的，是1907年获得诺贝尔物理学奖的阿尔伯特·迈克尔逊。他是物理系主任，在光谱干涉、光速测定和同位素年代测定法等方面的工作做得最出色。迈克尔逊特别喜欢动手，他以创造精密的光学仪器和一系列精确的测量实验而著称，最著名的实验就是迈克尔逊-莫雷实验。这个实验运用他发明的光谱干涉法，否定了宇宙中充满以太的说法（有兴趣可参看作者的《贪玩的人类》）。爱因斯坦称迈克尔逊是"科学中的艺术家"，并赞扬他"最大的乐趣似乎来自实验本身的优美和所使用方法的精湛。"[1]

物理有两种玩法，一种是像爱因斯坦或者霍金那样的，他们除了需要一张纸和一支笔以外，剩下的就全凭自己的脑袋，属于用脑子玩，学术的说法就是理论物理学家；而像迈克尔逊这样的物理学家，他们还需要一双化腐朽为神奇的灵巧的手，属于动手玩，学术的说法是实验物理学家。别看这些人一双手可能早都被硫酸、火碱烧得皮糙肉厚，却精于各种极其复杂精密的实验，他们要用这双糙手、用实验去证明各种物理学理论，就像米开朗基罗用他的糙手创造出的精美雕塑一样，所以爱因斯坦称迈克尔逊是科学中的艺术家。迈克尔逊是第一个获得诺贝尔物理学奖的美国人，而美国第二个和第三个诺贝尔物理学奖的获得者，也都出自这位大师的门下。

叶企孙1918年来到芝加哥大学，是以三年级插班生身份进入的（芝加哥大学承认清华学堂的学历）。1920年，不到两年的时间他就以优异的成绩获得学士学位。叶企孙表面上是个性格沉静的人，他不属于有着灵巧双手的那种人。可是他对自己想做的事情却极端地认真，心中就像燃烧着一团火。在清华读书时，他写过一篇关于中国古代算学的文章《考正商功》。他的老师梅贻琦看过以后是这样评价的："叶君疑问之作，皆由于原书中……一语之误。然叶君能反覆推测，揭破其误点，且说理之圆足，布置之精密，俱见深心独到之处，至可喜也。"[2] "商功"是中国古算学《九章算术》里一种计算体积的方法，几千年来没被"书呆子们"发现的"一语之误"却被叶企

① 邢军纪著，最后的大师，北京：北京十月文艺出版社，2010，61页。
② 清华学报：第二卷 第二期，1916年6月15日，清华大学图书馆收藏。

孙给揭破了，而且还说理圆足地给考证论述一番，可见叶企孙有多么的认真。而芝加哥大学在物理学和精确实验方面的成就更让这个来自东方的、本来手不是很灵巧却认真得要命的叶企孙如鱼得水。两年下来他不但成绩优秀，更重要的是让他了解和学会了物理学与精确实验之间那不可或缺的关系。

1920年9月获得芝加哥大学学士学位的叶企孙来到马萨诸塞州，进入哈佛大学研究院攻读实验物理学博士。从芝加哥出来，叶企孙就专注于实验了，而且他选择的研究题目是"用X射线方法重新测定普朗克常数"。这个实验用现在的话说就是要冲击当时物理学的最高峰，是一个极端前沿的实验研究。普朗克是量子力学的创始人，普朗克常数是打开20世纪现代物理学的一把金钥匙。但是，在叶企孙之前，普朗克常数的精确数值还没有测定出来。叶企孙在这个勇攀高峰的实验过程中，肯定不会一帆风顺，他多次改进和修正实验方法。两年多以后，实验得出了当时最准确的普朗克常数。他与合作者所作的《用射线方法重新测定普朗克常数》的实验报告得到全世界科学界的赞赏。从叶企孙先生《用射线方法重新测定普朗克常数》的实验报告可以证明：中国人灵巧的双手不只是拿来琢玉的，中国人的手也可以进行化腐朽为神奇的伟大的物理实验！叶企孙成为当时全世界物理学界的骄傲，他也成为物理学方面获得如此殊荣的第一个中国人。

1923年叶企孙获得哈佛大学博士学位，作为一个已经蜚声哈佛大学的中国学者，他完全可以选择留在美国继续做更多的物理实验，做更前沿的物理学研究，甚至拿诺贝尔物理学奖。但是叶企孙却选择了回国，回国干什么？去当老师。他为什么作出这样的选择呢？这也许与他年轻时代的家传有关。

叶企孙是上海人，和明代著名学者徐光启是老乡。叶企孙出生时的上海和徐光启生活的年代差不多，还不是纸醉金迷、洋楼林立的大上海，而是一座被城墙围着的小小上海县城。从现在上海的老西门、大东门、小东门、小南门和城隍庙等地名和位置，还可以想象出那时上海的面貌。从叶家的家谱看，他爷爷叶佳镇做过官："佳镇字静远，号澹人，和长子。国子监典簿衔，捐资指分浙江候补知县，历届江苏海运出力，奏报俟补缺，后以同知直隶州知州用，赏给五品封典。"① 用现代语言来说，他爷爷只不过做过相当于县政府里的一个小科长。叶企孙的父亲叶景沄则是一位读书人，"松江府学廪膳生……中式甲午科江南乡试第十五名举人。派赴日本考察学务。历任本邑养正小学校总教习，敬业小学校校长，龙门师范学校经学国文教员，养正小学校校长，北京清华学校国文教员，江苏第三中学校长，上海教育会会长。"② 他父亲考取了举人，还被派往日本考察学务。这个举人为什么没有走读书做官的仕途，而是当了一辈子教员和校长呢？这也和时代有关。开始叶景沄也和大多数人一样，希望苦读诗书考取功名。但叶景沄生活的年代，正是经过两次鸦片战争，中华民族受尽欺辱的时代。叶景沄清楚地意识到，熟读诗书考取功名于家于国已经毫无意义，要中国富强必须另辟蹊径，寻求新的救国之路。什么是新的救国之路呢？那就是新式的教育，就是蔡元培说的"从受教育者本体着想，有如何能力，方能尽如何责任；受如何教育，始能具如何能力"的教育，只有新式教育培养出的人才，才是真的可以救中国于水火，创造"国之利器"最有效的办法。所以他没有走自己父亲的老路，而是选择了当老师。而叶企孙小时候就是在父亲当过校长的敬业书院里读书，有这样的父亲和校长，教育救国的思想必定在小小叶企孙的心中留下了深刻印象。

二十多年以后，已经在美国成绩卓著的叶企孙，之所以选择回国教书，也是因为他清楚地看到，中国要富强，真的创造"国之利器"，只有他们一两个在国外留学的优秀科学家是不行的，必须在中国培养更多优秀的科学家，更多的人才方有可能。出于这样的想法，"叶企孙才毅然决定放弃似乎已近在咫尺的科学家桂冠，而选择了当时不可预知而后证明是一条不归之路

---

① 寿春堂叶氏家谱，上海图书馆收藏。

② 寿春堂叶氏家谱，上海图书馆收藏。

的沉重的人生。"①

叶企孙回国以后首先来到南京东南大学物理系任教，两个学期以后，受梅贻琦（1898—1962）的邀请回到清华。梅贻琦是天津人，比叶企孙大9岁，他是第一批庚款留美的学生之一，1914年从美国伍斯特理工学院毕业以后回到北京，1916年在清华任物理学教授，1931年任校长一直到1948年。后来他在台湾创办新竹清华，直到1962年去世。梅贻琦是一位典型的谦谦君子，他是中国现代教育事业中非常重要的一位启蒙者与奠基人，被称为"清华永远的校长"。叶企孙再次考取清华，在清华读书的时候，梅贻琦正好是他的数学和物理老师，这两门课又是叶企孙最喜欢的。梅贻琦十分喜欢叶企孙的认真和勤奋好学，而叶企孙也对恩师谦谦君子的风度和深厚的学问非常敬佩，师生之间的友谊从此开始。

1925年清华作为一个留美预备学校已经走过了十几年的时间，此时梅贻琦开始酝酿清华改制的事情，他要把清华办成一所真正意义的现代大学。这样就必须把清华学校作为大学预科的物理科、化学科等改为和西方大学一样的物理系、化学系。要想办一所优秀的大学，首先要有优秀的教授，在为将来的物理系招聘人才时，梅贻琦第一个想到的就是他多年前的学生，那个能认真地从《九章算术》的"商功"里挑出"一语之误"的叶企孙。恩师邀请自己，而且又是回到母校，叶企孙哪里能推辞。于是，他不但自己去了清华，还把东南大学的两个高徒赵忠尧、施汝为（他们两位都是中国现代物理学的大师和奠基人）也一起带到了清华。1925年8月，小荷才露尖尖角，叶企孙再一次走进离别了7年的清华园，从此开始了他当老师的一生。他就像一个贪玩的孩子王，带着一群群和他一样贪玩的孩子们，用自己心中的好奇、智慧，以及他优秀的品格，开始了中国读书人从未玩过的游戏——物理科学。

叶企孙先生的故事讲完了，我们再回到翁文灏先生请叶师寻一位学物

---

① 邢军纪著，最后的大师，北京：北京十月文艺出版社，2010，90—91页。

理、英文好，可以从事地震科学研究的人才。叶师马上想到了李善邦，李善邦是叶师1924年刚从美国回来时，在东南大学教过的一个学生。他们虽然是师生，不过叶师比李善邦也就大四岁，他们亦师亦友，还常有联系。于是叶师急电李善邦。

就这样，在海原大地震发生10年以后的1930年初秋，北京西郊的鹫峰山上一座现代地震台建成了，自此中国有了第一个自己的地震台——地质调查所鹫峰地震研究室，中国的现代地震科学研究事业从此走进中国历史，走向了世界。

鹫峰在距离北京城西大约50千米的西山之上，明代在这里建有一座寺庙秀峰寺，地震台就建在秀峰寺边上的一小块空地上。当年在这个小小地震台上忙碌着的一位年轻人，就是翁文灏请叶企孙找来的，寻找烛龙秘密的第一个实践者，中国现代地震科学研究的开创者——李善邦（1902—1980）。

几十年以后的一天，白发苍苍已近耄耋之年的李善邦，拉着他小儿子的手说："你爸爸这一辈子要感谢的有三个人。""他们都是谁呢？"儿子问。"他们是翁文灏、叶企孙还有你妈妈。"此时，翁文灏告别人世已经好多年，叶企孙也已乘鹤西去，几乎用尽一生的精力默默研究地震50年的李善

图2-6　地质调查所鹫峰地震研究室和青年李善邦

（私人收藏）

邦，说完这句话以后不久也去世了，他为什么要如此郑重其事地和儿子这样说呢？

　　当然感谢翁文灏是必须的，因为翁文灏是中国地震研究事业的开疆者，是李善邦从事一生的地震研究事业的开路者和引路人。感谢叶企孙先生也是必须的，因为叶企孙是他从事一生地震事业的伯乐。那么感谢孩子们的妈妈是怎么回事呢？这还要从头说起……

# 三　烛龙1930

　　李善邦先生出生在广东省兴宁县叶塘镇田心村，一个世代以种田为生的家庭中。兴宁县地处粤东丘陵地带的一洼最大的盆地中，盆地里是万亩水田，水田中间散落着一个个客家围屋组成的村庄，田心村就是其中一个小村庄。被丘陵环抱的兴宁县是一个自然条件非常适于农耕的地方，虽然算不上鱼米之乡，却也是个与世无争而可以温饱的好地方。李善邦先生的爸爸李慎初就是这样一个老老实实的农民，因为他的勤劳，自己在家族老围屋的外面还修建了一个新的四合院，起名慎修庐。李慎初有两个儿子，四个女儿，一家人过着将将温饱的小日子。

　　清朝末期，中国兴起了废科举办新学的风气，或许是出于中国人望子成龙的传统思想，李慎初对新式教育充满了期待。"祖父有田六七亩，因家中食指尚少，除一家衣食以外，尚有一些节余……"[①] 1904年（光绪三十年），继承了六七亩家业的李慎初老人，用自己多年种田积攒下来的棺材钱，开办了一所新式小学——叶塘学校（叶塘学校后来并入现在的叶塘中心小学）。一个世代以种田为生的农民，用自己种田结余下的钱开办新式学校，而不是拿去购置更多的田产或者买棺材板，这在中国农村不是破天荒也是绝无仅有的事情。

　　小学就建在慎修庐后面，刚进村的路边。李善邦的哥哥李善祥毕业后

---

① 李善邦，六十生辰回忆，地震地磁观测与研究，1989年06期。

**图3-1 李善邦先生出生地**

（老多摄）

**图3-2 李慎初老先生创办的叶塘学校**

（左一为李善邦先生的哥哥李善祥先生，李善邦
比其中的镜荣岁数稍长 老多摄于李善邦故居）

回到家乡，在叶塘学校做了老师。和哥哥岁数相差很大的弟弟李善邦，就在哥哥的教导下成长。李善邦身形比较瘦小，但天赋聪明，家里人希望有一天这孩子能光宗耀祖。李善邦没有辜负长辈们的期望，19岁那年（1921年），他考取了当时在中国还十分稀罕的大学中的一所——国立东南大学。全家人高兴极了，为他凑足了盘缠，李善邦便踏上了求学之路。

20世纪初的东南大学可谓是盛名于天下。东南大学的前身是1914年创立的南京高等师范学校，1921年在师范学校的基础上创建了国立东南大学，首任校长是中国近代教育的开创者之一郭秉文先生。当时在东南大学校园里，云集了许多中国早期鼎鼎大名的海归学者，他们中有杨杏佛（中国管理科学的先驱）、竺可桢（气象学家）、叶企孙（物理学家、教育家）、胡刚复（物理学家）、吴宓（中国比较文学之父）、任鸿隽（化学家、教育家）、张子高（化学家）、熊庆来（数学家）、秉志（动物学家、中国近代生物学奠基人）、胡先骕（植物学家）、戴芳澜（真菌学家），等等，可谓人才济济。而且东南大学是中国最早建立生物系、地学系和数学系的大学。

李善邦在东南大学读书时，正是这些大名鼎鼎的学者、教授云集的时候。他是物理系的学生，恰好遇上恩师叶企孙先生。不过叶企孙先生在东南大学只教了两个学期，却对这个广东籍学生留下了非常深刻的印象。"关于他这段教学实践获得成功的最有力证明，就是后来成为化学家的柳大纲和地球物理学家李善邦，因为深得叶企孙真传而学业大进，'他们二人因功课学得好，给叶企孙留下很深的印象'。"[①] 李善邦比他的恩师叶企孙只小四岁，不过正可谓一日为师，终身为父。李先生对恩师尊敬有加，两人的友谊笃深。多年后当翁文灏请求叶师帮他寻找地震研究人才时，他首先想到的是李善邦，而不是别人，这与他们之间的师生友谊肯定是分不开的。

图3-3　国立东南大学毕业证书

（私人收藏）

李善邦来到东南大学物理系，经过几年的学习以及各位大师榜样的熏陶，这个从广东客家山上走出来的青涩男孩，变成了一个满腹物理化学知识，能说外国话的青年学子。

---

[①] 邢军纪著，最后的大师，北京：北京十月文艺出版社，2010，89页。

图3-4　1926年毕业的李善邦
（私人收藏）

1926年李善邦毕业，毕业在那个时代也意味着失业。不过李善邦还算幸运，经朋友举荐在南京钟英中学谋了一个物理教师的职位，他的职业生涯开始了。吃粉笔末的差事虽然并不很富足，但比起农村的生活那已经是天壤之别。他本想就此安身立命，可谁知道生不逢时，当时正值北伐战争关键时期，硝烟弥漫，战云密布。1927年3月，北伐军开始进攻南京，被北伐军打散的孙传芳的败兵，纷纷逃进南京城。有一天李善邦在街上正好遇见一群军阀败兵开枪抢掠，被吓得魂飞魄散，那时他又染上了几乎是不可治愈的肺病，讲课时咳嗽都带血，为了不让学生们看到，只能把血咽进肚子。在万般无奈的情况下，他不得已向朋友借了盘缠，离开曾以为可以安身的南京，仓惶逃回了广东老家。

对大学毕业还没来得及混出点模样，仓惶逃回老家的李善邦，家乡人不但没有嫌弃，反而很高兴地接纳了他。那时候在广东客家山里大学生还很少，不久李善邦便受聘在兴宁县新式中学兴民中学（创办于1903年）当上了老师，教授物理、化学还有英文。自古读书人最大的愿望就是所谓"书中自有黄金屋，书中自有颜如玉"，没想到逃回老家的李善邦真的有点时来运转，虽然教书匠并不富裕，却也可以马马虎虎混个温饱。更让他没想到的是，他教授的一个班级里，一位美丽的姑娘心仪上了这位瘦弱的穷老师，她就是李善邦后来的夫人，作者的妈妈罗海昭女士。罗海昭的爸爸是一个华侨商人，她是家里最小的女儿，虽然生在广东小县城，从小又娇生惯养，但她生性直爽开朗，对新鲜事物充满好奇。开始她的父母坚决反对自己的千金与这个穷教师的恋情，可罗海昭的大哥罗梓材先生却看上了这个将来的妹夫。罗梓材先生是民国初期的职业军人，毕业于保定陆军军官学校第六期步科、日本陆军步兵学校，1939年任39集团军中将参谋长，是抗日将领。他是一位有着满腔家国情怀并关心教育的爱国人士，抗战期间日本侵略军没有进犯兴宁，局势相对平静。1940年，罗梓材先生用父亲的资产在家乡兴宁县城创办了一所中学——宁中中学，1944年增办高中，成为兴宁县第一所完全中学。李善邦在兴宁教书时，罗梓材先生正在广东警卫军任职。他对这位瘦弱的李老师非常欣赏，于是在他的促成下，李善邦与罗海昭于1929年结为伉俪。

新婚不到一年，1930年初李善邦接到恩师叶企孙的急电，要他赶赴北京受命。看着恩师的电报，回到家乡时来运转，又正处初婚喜悦中的李善邦一下子没了主意，这时新婚妻子鼓励他说："你去吧！"

从此，李善邦开始了他为之奋斗一生的地震研究事业。

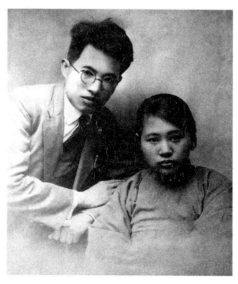

图3-5　1929年底李善邦夫妇

（私人收藏）

地质调查所办公楼（西楼）（摄于1928年）

图3-6 位于北京兵马司胡同9号的地质调查所

（詹庚申先生提供）

1930年春天李善邦离开家乡来到北京复命，他首先来到兵马司胡同的地质调查所报到。

翁文灏交给他的第一个任务是：前往上海徐家汇观象台的气象警报站学习。为什么要去徐家汇呢？徐家汇观象台是1865年法国天主教耶稣会在上海建立的，为进出上海的轮船提供气象信息服务的气象台。后来气象台得到不断完善，于是有了这个气象警报站，"为海船进出航行安全服务的气象警报站，亦带有地震观测。"[1] 因为警报站有地震观测仪器，所以翁文灏派李善邦来学习。不过当时青岛也有德国人建的地震台，翁文灏为什么不派李善邦去比较近的青岛而去上海呢？原因后面再说。

当时主管徐家汇气象警报站、负责气象和地震观测的是一位意大利传教士——龙相齐神父（Gherji）。初到徐家汇的情形比较尴尬，"一位老师胡刚复，领我去见地震台的负责人龙相齐，他们用法语谈了半天，我听不懂……"[2] 胡刚复（1892—1966年）先生是我国现代物理学奠基人之一，李善邦在东南大学读书时的物理教授，也是李善邦的恩师。1928年中央研究院物理研究所在上海建立，胡刚复任研究员。由于他与龙相齐神父私交比较好，因此翁文灏先生委托他带李善邦去见龙相齐。从后来李善邦与龙相齐的交往可知，他们成了朋友，龙相齐曾真诚地多次帮助李善邦。下面就来看看

① 李善邦著，中国地震，北京：地震出版社，1981，2—3页。

② 李善邦，六十生辰回忆，地震地磁观测与研究，1989年06期。

图3-7　19世纪末的徐家汇观象台
（老多摄于徐家汇气象博物馆）

图3-8　龙相齐神父
（老多摄于徐家汇气象博物馆）

他们俩从陌生人到朋友的、富有戏剧色彩的过程。

胡刚复把李善邦介绍给龙相齐，告诉他李善邦要在你这里学习地震观测知识，你好好教他，然后就走了。留下的龙相齐和李善邦面面相觑，龙相齐看着这个既陌生，又对地震科学一无所知的中国学生，一时不知该如何下手教。加之龙相齐英文讲得也不好，尴尬之后，他结结巴巴地用英文跟李善邦说，那你就先去学习烟熏地震记录纸吧，这是搞地震观测的第一步。另外他说，你可以去我们徐家汇观象台的图书馆读书，这对你的学习肯定会有帮助。

徐家汇观象台的图书馆，就是现在的徐家汇藏书楼，初建于1847年。开始是基督教耶稣会的修书室，后来经过几次扩建，成为现在藏书楼的规模。藏书楼收藏的书籍有拉丁文、英文、法文、德文、俄文、日文等，内容涉及哲学、宗教、政治、经济、语言、文学、艺术、历史、地理等各个领域，达四五十万册。藏书楼离观象台大概只有100米左右，听说有书读，李善邦赶快奔过去，钻进藏书楼，结果发现藏书楼里并没有适合自己学习的书，于是赶快联系翁所长求救。翁所长说，你去找李四光先生，他那里有你

图 3-9　徐家汇藏书楼
（老多摄）

需要的书。原来翁文灏早有准备，这也是为什么没让李善帮去青岛而来上海的真正原因。

此时李四光先生正在刚刚建立的中央研究院地质研究所任所长。中央研究院地质研究所在距离徐家汇观象台大约 5 千米左右苏州河边的小万柳堂，地质研究所里有图书馆。于是李善邦开始往返于徐家汇和小万柳堂之间，一边学熏图，一边读书做笔记。这些笔记很幸运地一直保存到了今天。

图 3-10　30 年代的小万柳堂
（詹庚申先生提供）

图3-11 这是李善邦留下的徐
家汇笔记本
（私人收藏）

图3-12 笔记本第一页写着"一九三〇，于上海徐家汇"
（私人收藏）

图3-13 笔记本里整齐的英文笔记
（私人收藏）

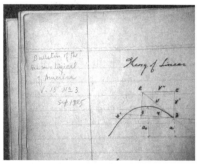

图3-14 资料摘录自BSSA1925年9
月15卷第三册
（私人收藏）

　　因为当时中央研究院也在筹备建立地震台，所以李四光所长为地质研究所图书馆订阅了美国著名地震学期刊《美国地震学会通报》（Bulletin of the Seismologvcal Society of America，简称BSSA，创办于1911年），有了这本期刊李善邦先生可谓如鱼得水。在来到徐家汇以前，李善邦只是一个刚毕业不久的大学生，对地震学一无所知，不过他却是翁文灏希望找到的，学物理、英文好的学生。有了这两项基础，一无所知可以经过学习和了解变成有所知。从李善邦先生笔记本里一笔一划、整齐的英文笔记，我们可以想象出李先生当时的心理，他如饥似渴地，却又是一丝不苟地想尽快学习他本来一无所知的地震学知识，以期不辜负恩师以及翁文灏所长对自己的期望和器重。

"为了能学到知识，我只好到小万柳堂地质研究所图书馆去自学，等到稍知一二的时候，便主动提出问题问他。"[①] 小万柳堂图书馆里的BSSA，不但让李善邦大开眼界，也让他对地震科学有了初步的了解。此时他再和龙相齐交谈，向他提出问题时，刚见面时的尴尬瞬间变成了龙相齐的惊讶。龙相齐神父简直不敢相信，眼前这个青涩青年，居然在如此短的时候里就可以和自己讨论一些地震学的问题，因而对李善邦充满了敬意。大概就从此刻开始，两人便结下了友谊，一直到抗战胜利龙相奇离开中国。

图3-15　二十多年后的1956年李善邦（左1）与李四光先生（左3）

（私人收藏）

就这样在徐家汇学习了几个月以后，地质调查所从德国订购的水平向和垂直向两台小型维歇尔[②]式地震仪即将运抵鹫峰，翁文灏急令李善邦回北京复命，安装地震仪。

---

① 李善邦，六十生辰回忆，地震地磁观测与研究，1989年06期。

② Wiechert，今译作维歇特，E.Wiechert，1861—1928年，国际著名德国地震学家，陈运泰先生补注。

这时北方军阀正在火并，津浦铁路不通，1930年6月从海道到达北京。地质调查所所长带我去看地震台，使我惊讶的是地震观测台设在离北京四十公里外的郊外，在山间荒僻的秀峰寺旁（其山叫鹫峰山），一切都很不方便，我想自己不是来此过避世生活的，这种地方如何能工作。但仪器室已经盖好，不可能再改变，我只好计划住在秀峰寺古庙中，听松涛泉水之声亦足自慰。不久从德国买来的仪器运到山上，认真仔细地研究了说明书，然后逐一装置。以往没有接触过这类工作，在徐家汇时又没有学到，现在一切都得自己包下来，未免胆怯，虽有一个年长的助手，但不会动手，就连关窗户都要喊人来的。忙了一个月，搞洋灰、钻、锉、磨，甚至于打铁也干了，最后总算把地震仪装起来了。[①]

地震台建立在离北京城大约40千米鹫峰脚下的秀峰古寺边。秀峰寺原是一个古刹，初建于明代。1929年著名律师林行规（1882—1944年，清末民国初著名司法界人物）把古寺和周围的山林买下作为别墅。林行规听说翁文灏要建地震台，于是把古寺边的一块地捐给地质调查所。1930年鹫峰地震台建成。听着松涛泉水之声苦干了一个月的李善邦，终于把地震仪安装好了，但地震仪却纹丝不动。

当我小心地放开，让它自由摆动时，发现它是个死的，无论怎样检查、调整，不知毛病之所在。急得没有办法，忙跑到清华大学去请教老师，但他们也没有见过地震仪，最后吴有训先生（1897—1977年，著名物理学家，清华大学教授）来山参观，对我说：这不是很精密的仪器，不要拘泥于说明书，可以放胆调节，不致于弄坏。经这一启示，幸把地震仪调灵活了。当第一次记录到地震时，感到非常高兴，中国

---

① 李善邦，六十生辰回忆，地震地磁观测与研究，1989年06期。

从此有了自己的地震观测台了。①

图3-16 刚建成的鹫峰地震台

（私人收藏）

从此中国有了自己的地震观测台，可是地震台的各种条件还极其简陋。李善邦先生在这样的条件下，是什么样的心情，又是如何工作的呢？我们

① 李善邦，六十生辰回忆，地震地磁观测与研究，1989年06期。

图3-17 翁文灏、章鸿钊、谢家荣等来鹫峰地震台参观

（私人收藏）

图3-18 鹫峰地震台

（私人收藏）

可以从李善邦先生几十年前的日记中读到。李先生留下的遗物中有一本从1930年9月到1933年9月的日记本。在这本日记的扉页，李先生写了这么几个字：

Sept.1930

只要精力贯注

何事不可成功？

忍辱负重

以待将来

九月卅日誌

下面是日记：

九月十日

本日大风，天线断下，以为不能收报矣，急试之，其响如常，遂挂其一线。

九月十三日

下午发觉通电时计停摆，颇为着急，适同事曾世英兄（曾世英先生，1899—1994年，我国老一辈著名地图学家，是中国人编制的第一部分省地图集《中国分省新图》的编制者之一）来研究室研究经纬度，乃拆卸，将齿轮相接处加拭以油，便摆动如常。

九月廿四

与世英测量研究室附近地为划界根据，九时进仪器室，见钟又停（地震台使用的标准钟），不禁三叹。细究其病，似秒臂之端不滑，当报分时，与铜臂相磨时，阻力甚大，乃取下磨之，复摆动如常。

十月三日

本早带练习生祁之晋并直仪一部雇汽车回山……二日大风，无线电天线又吹断……

十月八日

本日装置完毕，启动后摆不摆动，且不能平衡，苦之。

十月十日

摆仍不能平衡，有时获得平衡点而甚不平稳，稍动之则不能回复，乃拆卸桌上之部分，再对垂线，重复安置，亦不见动。

1931 年

一月八日

本日天气甚寒，仪器室内约 6 度……

一月十一日

本日进城，风雪之后，奇寒未减。车夫热得出汗，当称痛快，而予则冻得要死……

二月八日

仪器室温上午十一点仍为零下三度，十二时后飞雪，四时晴，积雪约 1cm。

三月五日

早饭后回山。第一期地震专报已经发出。[1]

---

[1] 李善邦 1930 年日记，私人收藏。

**图3-19　地震台内部的标准钟和发报机**
（私人收藏）

从日记中我们可以看到当时的艰难情形。刚刚建立起来的鹫峰地震台，条件十分简陋，仪器运转也还不稳定。冬天鹫峰山上气温很低，风又大，与外界联系的无线电报天线经常被大风吹断。从1930年6月鹫峰地震台开始安装地震仪，到10月3日以前，地震台上只有李善邦和一个连窗户都要叫人开的年长的助手。李善邦手脚无停地把地震仪安装好，9月地震台可以记录地震了，年长的帮手不知何时不在了，10月3日李善邦从城里带回一位帮手练习生祁之晋。而就在这个简陋的，却有着"只要精力贯注，何事不可成功"精神的地震台，居然平均每个月可以记录到十几次地震，并于1931年3月5日从鹫峰地震台发出了与世界其他地震台交换的第一期《鹫峰地震研究室——地震专报》。

翁文灏先生在第一期《地震专报》的前言中这样写道：

在1920年海原的灾难性地震后不久，我向政府提议在华北地区建立一个地震台，因为当时在中国除了上海附近的徐家汇外，没有其他的地震台。直到1929年9月，地质调查所获得政府的授权，接受了林行规先生的捐赠，在北京西北部22英里处的鹫峰建造一个特殊的房子，并利用中国基金会的拨款来装备必要的仪器和其他设备。

安置仪器的建筑是由双层墙构成的，高度高于塔库海平面155米。它位于花岗岩海岬上，与西边的丘陵地区相邻。这个地方不受任何交通干扰。

鷲峯地震研究室

地震專報

Seismological Bulletin

The Chiufeng Seismic Station

No. 1. Sept.—Oct. 1930.

Published by

The Geological Survey of China

(Under the Ministry of Industries)

and

The Section of Geology of the National Academy of Peiping

9, Ping Ma Ssu, Peiping.

FOREWORD

Shortly after the disastrous earthquake of Kansu in 1920, I proposed to the Government the establishment of a Seismological Station in North China, as at that time there existed no seismological station in China other than that of Zikawei near Shanghai. Various circumstances prevented the realization of the proposed plan until in September 1929 the Geological Survey has obtained the authorization of the Ministry to accept a donation from Mr. H. K. Ling for the building of a special house at Chiufeng about 22 miles N. W. Peking, and to utilize the grant from the China Foundation for the equipment of the necessary instruments and other installation.

The building housing the instruments is made of double walls at a height of 155 meters above the Taku sea level. It is situated on the granitic promontory which borders the much hilly region lying on the west. The place is free from any traffic disturbance.

At present a horizontal Wiechert Seismograph 200 kg. and a vertical Wiechert Seismograph 80 kg. have been installed with the contact clock and the radio receiver for time correction.

Mr S. P. Lee is in charge of the station with one assistant. He is in frequent communication with Père Gherzi, of the Zikawei Observatory, Shanghai who has been asked by the Ministry to be adviser for the seismological study to the Geological Survey and also is a corresponding member of the National Academy of Peiping.

Wong Wen-hao

Director.

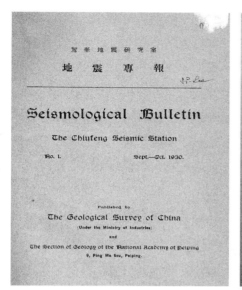

图3-20 第一期《地震专报》

（中国地震局地球物理研究所资料室提供）

图3-21 翁文灏先生为第一期《地震专报》写的前言

（中国地震局地球物理研究所资料室提供）

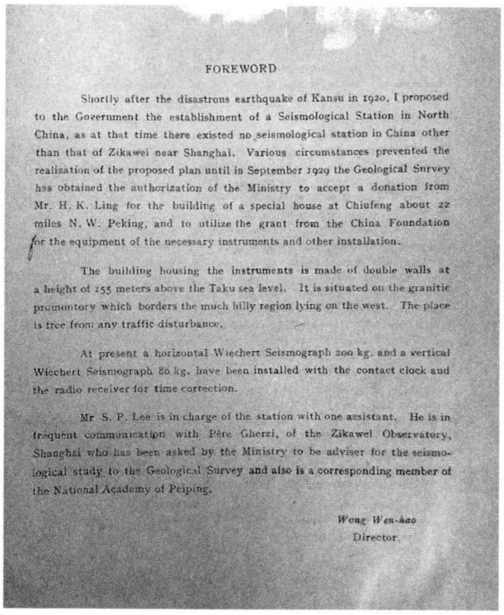

目前，已经安装了一台200公斤的水平维歇尔地震仪和一台80公斤的垂直维歇尔地震仪，以及用于时间校正的接触钟（即可以与授时台进行即时校准的时钟）和无线电接收器。

李善邦先生负责该站的工作，并有一名助手。他与上海徐家汇天文台的Père Gherji（龙相齐）经常联系，Père Gherji受部里邀请担任地质调查所的地震研究顾问，同时也是北平国家科学院的通讯院士。

“对于李善邦的表现，翁文灏大喜过望。他旋即将鹫峰地震台扩充为地震研究室，任命李善邦为主任，并将他的妻子从广东老家接来，……中国地震事业开始从鹫峰艰难起步，逐渐发展起来……”[①] 仅仅几个月的时间，鹫

① 邢军纪著，最后的大师——叶企孙和他的时代，北京：北京十月文艺出版社，2010，380页。

图3-22 鹫峰地震台工作中

（私人收藏）

图3-23 秀峰寺里李善邦和妻子听松涛声的
小屋

（私人收藏）

峰地震台就从无到有，成为一个月可以记录十几次地震的地震台。不仅如此，从1931年3月开始，鹫峰地震台还可以和世界上其他地震台一样，定期出版地震报告并与其他地震台交流，对此翁文灏肯定非常高兴。不久李善邦夫妇也在鹫峰上团聚了。此时在荒凉的鹫峰之上干活的李善邦，夜里可以和妻子一起聆听窗外松涛的声音了。

李先生的夫人罗海昭到鹫峰以后，对那里艰苦的条件倒没有感到有什么不可以克服，但她和李先生都是广东客家人，客家人以好吃闻名。鹫峰上唯一让李夫人感到不安的就是这里的食物，她觉得简陋的生活条件是可以克服的，但一个客家人要工作好、干事情精力十足，不吃客家菜是不行的。于是在李先生的大女儿出生以后不久，李夫人带着孩子回到客家老家，和家里的厨子学了半年多的厨艺。再次回到鹫峰以后，李夫人用她的厨艺给李先生和她的孩子们做了一辈子客家菜。客家菜不奢侈，但营养丰富，味道甜美。

由于鹫峰地震台条件十分艰

苦，练习生祁之晋一方面受不了艰苦的条件，又忍受不了山上的寂寞，总是闹着要辞职。当时寻找能在鹫峰上工作的人很不容易，后来李善邦在清华大学吴有训先生那里，找到吴先生实验室的练习生贾连亨先生。贾连亨是鹫峰山下北安河村人士，对鹫峰很熟悉。李善邦先生在日记里这样写道：

二月一日

寻觅不着相当人，入清华与吴正之（即吴有训）先生，商得彼处练习生贾连亨君。

二月五日

本日贾君来，略示一二，似较聪明，但较浮动些。

二月六日

贾君太浮躁，一日两至北安河。至晚正言则诚之。①

就这样，鹫峰地震台艰难起步，建立不到一年却成绩斐然，还吸引了许多大人物来鹫峰地震台参观访问。

关于当时的热闹情形，我抄录几篇李善邦先生的日记：

四月十一日

唐培经（1903—1988年，东南大学同学，著名数学家，当时是清华大学数学系教授）夫妇等十八人来此，张宗英（著名物理学家严济慈先生的夫人，他们夫妇都是李善邦东南大学的学长）之父亦同来。年五十余，登鹫峰之巅未有疲容，而后生者反多疲乏者，殊不愧老当益壮。饭后同玩大觉寺，又陪送至温泉，参观女子中学得其主任石先生

---

① 李善邦1930年日记，私人收藏。

1930年（民国十九年）夏季参观北京鹫峰地震台时留影。立于后排口衔雪茄者即丁文江氏，其右为胡适之，前排自左至右（1）谭锡畴，（2）翁文灏（咏霓），（3）李善邦，（4）（5）巴利尤夫妇

图3-24　丁文江、胡适、谭锡畴、翁文灏陪同外国友人参观鹫峰地震台
（詹庚申先生提供）

引导，并备说以往及现在状况。然各返。丁先生（大概是丁文江先生）言定本晚来，未来，大约明日当来。

四月十二日

翁（翁文灏）携Gherji（龙相齐）及任鸿隽（1886—1961年，中国近代科学奠基人之一，中国科学社创办者之一）夫妇来，即与Gherji至仪器室，检阅震仪，未易丝毫，皆甚好。饭后，顺道至大觉寺，即与伊等进城。

四月十三日

午前与Gherji讨论加利清仪等问题，至理论问题，所谈这皆肤浅不得深入。下午讨论赴日本应学何事，谓东京可学地面及海面之升降。

四月十四日

上午Gherji来谈。讲加利清仪来后，西山（即鹫峰）地震室观测地震从陆下与海下经遇之别，此诚一可研究之问题。[①]

从以上日记可以看到，当时鹫峰地震台已经名声在外，各路大咖纷纷上山参观。而那时龙相齐也十分关心鹫峰地震台的工作，他还从上海徐家汇亲自上山，和李善邦探讨地震研究的问题。但李善邦在许多问题上自认为还很肤浅。对此翁文灏也很清楚，他知道，地震台虽然有了，而且成就斐然，但光靠一个聪明能干的李善邦，还不足以建立起中国的地震科学研究事业，必须汲取和学习当时世界上已经积累二三百年的地球科学，以及一百多年的地震科学知识。虚心学习世界先进的科学理论和技术，才是中国地震科学事业长期发展的保证。

---

① 李善邦1930年日记，私人收藏。

# 四　虚心学习

　　为了中国地震研究事业的长期发展，在鹫峰地震台建设完成并可以正常运转以后，翁文灏建议派李善邦东渡日本学习。李善邦在日记里这样写道：

　　　　此时对于地震学知识还很浅，虽然于本年1月起即努力学习，苦于无前辈指导，凭个人找来书籍自学，很难获得系统了解。日本是地震学很发达的国家，到那里从名师学一个时期，乃一件十分好的事情，心里很感激翁文灏这项建议。经他与今村教授联系结果，决定于一九三一年春到日本东京帝国大学去。①

　　李善邦自己心里很清楚，虽然鹫峰地震台已经顺利建成，并可以记录地震，可以不定期向全世界地震台寄送地震报告，但中国的地震研究充其量只是刚刚入门而已，而李善邦自己也不过是一个二十八九岁刚刚大学毕业没几年的年轻人。当时的中国，没有第二个人研究过地震，老师都是外国人。虽然中国有发明全世界第一台地震仪的张衡，但现代的地震科学研究起源于18世纪的欧洲。尽管当时李善邦凭着自己的聪明，把地震台建立起来，可是在现代地震学方面他还是一张白纸。要让中国年轻的地震研究事业能够继

---

① 李善邦1930年日记，私人收藏。

续顺利进行下去，不学习更系统的、更专业的地震科学知识是不行的。因此李善邦先生非常庆幸和感谢翁文灏为他争取到这次机会，能让他赴日本跟随名师学习。翁文灏先生的这次安排，也开始了李善邦先生研究地震、学习地震科学知识、学习地球物理学知识的人生。

那今村教授是谁？他的全名叫今村明恒（1870—1948年），是国际著名的日本地震学家，是世界上准确做出中长期地震预报的第一个地震学家。关于今村明恒先生，网络上有这样一段介绍：

> 1896年明治三陆地震发生后（三陆地震指1896年6月15日19：32分，日本宫城县三陆（海域）爆发8.2级至8.5级大地震。由于（陆地上）震感微弱，许多人并没有将它放在心上。然而，地震35分钟后，第一波海啸冲击到三陆海岸，几分钟后第二波海啸也紧随而来，高达38.2米的海啸造成9000多座房屋被毁，22000人死亡），今村明恒于1899年提出该地震中侵袭本州岛三陆海岸的海啸是因为海面下海洋地壳的变动所造成。1905年今村明恒发表文章，表示在未来50年内东京和周围关东地方将会发生巨大地震，并造成超过10万人死亡，因此主张采取预防措施；但此说法遭到另一位国际著名日本地震学家，他的老师大森房吉的严厉批评，认为会造成人心不安[①]。不过，今村明恒所担心的状况在1923年成为事实，关东大地震摧毁东京和邻近的关东地方，超过10万人死亡。1939年今村明恒任职于东京大学地震观测站时着手对中国东汉科学家张衡制作的候风地动仪进行复原工作。[②]

所谓"海面下海洋地壳的变动"，就是李善邦日记里写的，他与龙相齐

---

① 关于大森房吉与今村明恒和东京大地震的故事，请参阅"地震预测：回顾与展望"。刊载于《中国科学》D辑，地球科学，2009年第39卷12期，1633–1685，3.实现地震预报的科学途径。陈运泰先生补注。

② 摘自今村明恒百度百科。

探讨过的，"加利清仪来后，西山地震室观测地震从陆下与海下经遇之别，此诚一可研究之问题。"龙相齐对今村明恒从事的研究显然是熟悉的。而翁文灏在李善邦赴日本学习以前，也是通过龙相齐事先与今村明恒取得了联系。

这次赴日之旅，李善邦先生留下了两部分记录，一部分是"记事"本里一篇《日本留学》的记录，还有一部分记录在从1930年9月到1933年9月的日记本里。先读一段《日本留学》：

> 经过一番筹备，在日本旅行社（日人经营，在东单开设）定了四月卅日由天津开行的景山丸。此次出国翁文灏给我很优待，每月学费一百日元（当时日元与我国大洋差不多等值，日本生活费很低，约三十元即可以过），且让我坐头等客舱。人说翁氏尚来小气，这回却真慷慨……。

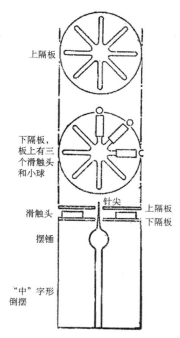

今村明恒复原的张衡地动仪，采用倒立摆原理。摆在受地颤动作用倾倒时，摆上端的针就会进入八条导向槽中的一条槽，并推动滑块，从而推出铜丸。由于针一旦进入槽沟就不能再行离开，于是仪器便被制动

图4-1　李约瑟《中国科学技术史》中今村明恒复原的张衡地震仪①

……入夜登船，船小不过二三千吨，但设备尚好。头等客舱除我外尚有四个西洋人，其中一美籍老妇，看我殊少与人谈笑，常主动找些话引我玩。其实我心里很讨厌这些外国浪人……甲板上遇一东京早稻田大学学生杨文英君，问得一些东京生活情况。五月三日抵门司，有医生来检疫。当年到日本无需护照，当地警察问了两句到日本何事，就过关。

---

① 李约瑟著，中国科学技术史：第三卷，北京：科学出版社，2018，659页。

有些乘客至此登岸……余则随船前行，五月四赴抵神户登岸。直到三宫驿，搭火车尚早，候车至中午。杨君送我上车，并告诉我沿途应注意的各种日本生活习惯。初到异国人地生疏，难得其如此关切……。[①]

图4-2　保存至今的船票
（私人收藏）

李先生1931年4月30日乘日本景山丸号轮船头等舱，从天津港出发，于5月4日顺利到达日本，开始了他的日本留学之旅。一开始李先生运气不错，在景山丸号轮船上就遇见了热心人，在东京早稻田大学留学的杨文英君。接下来怎么样了呢？我们读几段李善邦先生的日记：

五月四日

本早抵神户，方饭，红帽子即登船争买卖，秩序尚好，旋经查验入，口入即呼茶役给予日洋三元，即登岸。至海关，将行李等件启阅。关员貌似和平，而架子之大，亦与南京上海等处相若。检阅毕与杨文英君别。红帽子送我至三宫驿，将行李寄了，买得超特急车票，时方八时。而车行至十二时有零。即于待车室候。日本人见我是华人，莫不相闻，华人又以为我是日本人，亦不理会。好容易觅得一个台湾人，代译电报，拍给金咏深君。时间尚早乃沿站行至一家书店，购日文地理一本，以为抵东京后习日文课本用。十一时，杨文英君又来车站送行，萍水相逢，难得其如此厚意，诸般规矩，得伊指示，临行尤自歉不能陪至东京为憾。诚好人也。登车后即刻开，超特急真名如电传。三等位胜于国内二等，为摇摆令人

---

① 李善邦1931年日记，私人收藏。

欲呕。虽沿途山水颇美，而无心赏揽。邻座皆日本人，不通一句。九点钟，长如九年。入夜九时二十分抵东京驿。

寻不见罗李诸兄（即在日本留学的广东兴宁老乡李白华和罗雄才。李白华当时在东京帝国大学哲学系读书，回国后曾任北京大学哲学系、中山大学哲学系教授；罗雄才毕业于东京帝国大学理学部化学科，1931年日本理化研究所久保田研究室研究生毕业，回国后曾任中山大学教授，副校长），随众离月台，至站又不见，久之乃见白华兄贸贸然来。相见甚欢。得知雄才兄已经返粤。白华兄知吾本晚来，亦偶来蓬莱馆，见及电报，诚幸事也。即与之驾车来蓬莱馆，馆主已经知云，即定空屋而居。日习席地而坐，殊不能惯，不知久后如何。

五月五日

席地而卧，殊不惯，转辗不成寐。六时半醒，即不能睡。早餐甚恶，强于充饥。饭后作书四封，海（即李夫人）……午饭后整衣箱，白华即来，同至青年会，找金君。昨发电报，挂至臂上，办事荒唐有如此者，质之一笑而已。与金即至青年会，晚膳。白华先我去。拟同金君来寓，落电车金君于未停便跳，倒地甚重，幸后来汽车即停，不然作车下鬼矣。至寓与之谈学习目的，结果伊重service方面，我重research，然彼处现购仪器，殊不适用，待明日见今村，再行商酌。①

5月4日从神户下船到三宫驿（即神户的交通枢纽站），买到去东京的超特急车票，在人生地不熟的情况下，给金咏深发了电报，还买了一本日文地理书以备学习日文。路遇的好人杨文英又来送行，并告知日本当地的各种规矩。晚上9点多到东京，在东京帝国大学哲学系读书的老乡李白华来接，住进蓬莱馆（应该是一个华人开的旅店）。第二天在李白华陪同下从东

---

① 李善邦1931年日记，私人收藏。

京驿（东京的交通枢纽站）到青年会（清朝末期由中国留日学生建立），与来自南京中央研究院气象研究所金咏深先生会面。金咏深先生是南京气象研究所北极阁地震台的负责人。1930年鹫峰地震台建立以后，中央研究院气象研究所在竺可桢所长的主持下，在南京筹备建立北极阁地震台。此时北极阁地震台尚未建成，竺可桢派金咏深先生与李善邦一起赴日本学习。见面后他们一起商量此次学习的目的，金先生注重 service，即应用方面，李先生则重 research，即研究方面。[①]

五月六日

晨起日安，略思与今村君商量之事。至11时金君来，同至帝大，得悉今村赴下关未回，波江野清藏及铃木武夫招待余等。取出之震波图与余带来者比较。彼用蜡光纸，迹痕黑白分明，我处拟亦可改用此纸。后午饭至日本饭馆与波江等同席。波江兄请客。饭后彼等带我等参观图书馆，该馆为震灾后新建，规模宏伟，国内尚未见之。后参观地震仪，种类甚多，然皆基大森氏式样，其周期长可至二三分。有无线电震仪，颇为小巧。即波江氏设计者，其维开加利清等仪，皆不使用，装饰品而已。即见河角广——理论地震学教授，人殊和蔼，但说英话殊不自由，二时半有讨论会，亦与席，不懂日话，徒耗时光也。[②]

5月6日李善邦与金咏深先生一起，来到东京帝国大学地震研究所，准备会见这次来日本游学的导师今村明恒。恰好今村先生外出未归，于是有另外的学者接待并参观帝大地震研究所。日本学者拿出地震图，与李善邦带来的地震图比较，李先生看到他们使用的蜡光熏烟记录纸记录的震波黑白分明，心中思忖回国也采用这种记录纸。午饭后又带他们参观了地震研究所里

---

① 陈运泰先生补注。

② 李善邦1930年日记，私人收藏。

的各种地震仪器，对当时世界上最先进的地震仪做了初步了解。下午又举行讨论会，但因不懂日语，场面比较尴尬。

**图4-3 当时日本报纸的报道**

（私人收藏）

就这样，在日本的学习开始了。对于李善邦和金咏深先生的访问，当时的日本报纸还做了报道，当年的报纸被李善邦先生贴在日记本里，保存到了今天。

报纸上这样写的：

从事地震研究的帝大留学生：

今村博士介绍说，有两个专门研究地震学的留学生，受中国政府特派每天到帝大地震学教室接受他的指导，这两名留学生是李善邦和金咏深。

这两位留学生担负着中国地震学未来的重大使命，金君专攻气象学，李君则致力于从物理学到地震观测，两人都是在中国学习的，但外务省也致力于促进中国的科学事业发展，也希望培养出优秀的地震学者，因而给予助手待遇为其研究提供方便。

李善邦和金咏深在日本的这次学习分为两部分，一部分是在东京帝国大学上地震学的课。关于这个部分的学习和生活，我们来读一篇李先生的日记：

五月廿三日

午后照例到校上课，课毕与河角先生讨论疑难之处，毕杂谈移时①。乃询铃木以其高倍震仪之构造，尽得详述。乃拳拳记着。○未知其实物如何形状，遂又请其演习。虽未得十分详细，然大意已经知之。候得机会再进一步。恰波江亦至，启其新成之无线电高倍震仪为一倒摆，精巧异常，遂细察而记之。大部分当未明了。俟他日请其演试之，惟吾甚欲学得其详也。时已经六时，乃请河角先生、铃木、波江及岸上同饭，与增友谊。至佛竺西饭馆，设￥2.5之西餐焉。食毕，谈说移时，伊等颇奇吾人皆会说英话，予强释之曰"学英文时用时习话"，当今恐其叹吾不固本也。至近九点尽欢而散。

五月廿四日

上午作信数封，一致Gherji（即龙相齐），一致叶师（即恩师叶企孙先生）。下女不懂话，竟将寄叶师之信，贴以三钱邮票投入邮箱。力言之无效。蒙问室口（应该是传达室）人来，用德语——盖伊不懂英语也，说待转告下女，始将信截留于邮局，再加上邮票始发。

下午追忆昨日所见，制剖面图等。完后访白华欲游公园，未遇。怅然而返。晚自读日语，因至白华，伊仍未遇也。（日记本左上角"豫记"处写了几个字：数日来失眠殊甚）

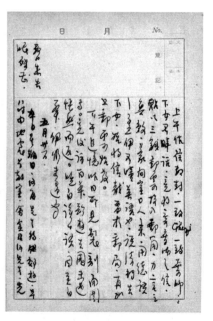

图4-4 1931年5月24日日记之豫记
（私人收藏）

---

① 毕杂谈移时，结束后闲谈以消磨时光。

六月廿二日

两日来，研习最小二乘方，至晚始通。

夜与老妇习日文，颇有兴致，顷刻完十余页。

六月廿四日

日雨，野色甚佳，研读加利清常数定法。

晚饭毕有新闻记者访，求照相为刊明日新闻，谓是今村介绍者。

六月廿六日

昨日收到第四期震报稿，昨今两日经与校阅，本晚完。

图4-5　金咏深（左一）、李善邦（前排左二）与日本科学家们

（私人收藏）

这次学习的第二部分是和日本地震学家一起，对关东大地震遗迹做田野考察。关于这部分学习和生活，我们再看几段李先生的日记：

七月廿一日：

早晴遽动身赴东京驿，稍待岸上及金君来，即乘省电车至横须贺转bus（公交车）至三崎。半路细雨霏霏，虽讨厌，然因此天气凉。三崎有今村发见之海面改变与关东地震有密切关系之见孔。此外，尚有海生动物多种，及测潮器，皆属海洋气象所与帝大联属。由三崎至热海，火车穿洞多处，几半行于山内。抵热海即七时半，一路雨下甚急。旅舍一切皆日本式。有温泉浴池甚大，水温适宜，浴于其间妙不可言，有妇女同浴，此乃日本特俗。

图4-6 "浴于其间妙不可言"
(私人收藏)

七月廿二日：

由热海发，小雨无情，不知行人之苦，信意急急洒来。汽车沿海岸，曲曲折折，危险殊甚，若汽车夫稍不留心，便成齑（音[jī]，意为捣碎的姜蒜等）粉，随海波而散。据云若天色好可望三岛火山冒烟，此时为烟雾所蔽，仅见碧海一片而已。车抵，改步行，泥油没鞋，手中又有提箱甚重，强行抵目的地（上见村）。见去年伊豆地震之山崩及大隆起，有屋截为两半，一半隆起当可八九尺。无情雨仍不断的下。再返抵原处。乘汽车至达修善寺地，有大山崩现象。闻塌屋十数，生埋十五人。行至修善寺宿。

图4-7　"汽车沿海岸，曲曲折折，危险殊甚"

（私人收藏）

图4-8　"有屋截为两半"

（私人收藏）

图4-9 "有屋截为两半，一半隆起当可八九尺"

（私人收藏）

图4-10 "修善寺地，有大山崩现象"

（私人收藏）

图4-11 修善寺？

（私人收藏）

七月廿三日

先至修善寺近处，看地裂后，见一工业水池围堤，崩破坏。经返修善寺。乘车至芷山，观鱼雷记象。一鱼雷模型（铁制）以石块垫，置于忠烈魂之旁。地震时鱼雷如"摆之锤"。石块之尖处吊一图于其上，一如地震仪所记。今村称之曰自然记象。返长冈车站，至反射炉，观其破坏状。反射炉者为德川时代之制炮所也。有汉文碑载其始末甚详。经返长冈温泉宿。河角先生赶来。

图4-12　如地震仪所记自然记象的鱼雷模型

（私人收藏）

图4-13　反射炉者为德川时代之
制炮所也

（私人收藏）

图4-14　返长冈温泉宿

（私人收藏）

图4-15　长冈温泉旅店老板娘？

（私人收藏）

七月廿四日

九时半后，至丹那盆地，断层不十分明显，惟有数处地震后所现迹象，尚可分辨。经与岸上（岸上冬彦）别，三人步行至大竹，先至隧道工程处，借大草帽，橡皮大衣及长靴。乘电车入，约数十分钟下车，步行入去，穿数横洞。洞中水甚深，据云工程阻碍为地下水涌出，因为断层地带，水从裂缝间射出，压力甚大，刻正灌入洋灰堵之。洞内可见断层之面，（按洞至山底五万尺以下）地震时经互

图4-16　戴大草帽，穿橡皮大衣及长靴的李善邦（右）和河角广

（私人收藏）

移八尺，现裂有测记器。出洞后至三岛〇。

七月廿五日

早七时半发，至山中新田，查察山间之龟裂，至箱根，地块脱流为山麓之树木挡住，不然全市乌有矣。日人惯于屋之前后栽树，亦非无用也。经乘船越工户湖而过，改乘汽车至大涌谷。有孔射出热气，气中含硫甚多，使人呼吸不快，后者，热lava（岩浆）离地表近也。天变欲雨，原拟箱根过，遂驰返东京，抵寓即十时。①

---

① 李善邦1931年日记，私人收藏。

图4-17　田野考察结束返回东京

（私人收藏）

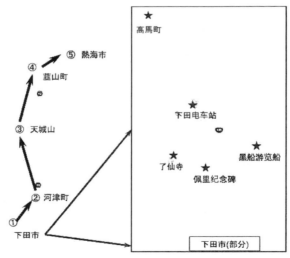

图4-18　根据李先生这次考察绘制的路线图

（孙田夫先生提供）

　　从这几篇日记可以看到李善邦在日本学习和生活的大致情况。除了在学校听课和与日本地震学家探讨，参观学习各种他从未见过的地震仪，以及修改国内寄来的《地震专报》样稿以外，导师还安排两位中国学者跟随日本地震学家对8年前日本关东大地震的遗迹做了详细的实地考察。理论加实践，有苦亦有乐，收获必定不小。

　　但几个月以后的九月十八日一切突然都改变了，游学生活亦戛然而止：

　　九月十八日

　　下午三时二十分倾，地震颇强。

　　九月十九日

　　本日报载，奉天中日军交战，午间号外，谓奉天城完全被占。大夫至此无不怒发冲冠！①

　　九一八事变突然爆发，沈阳被日军占领，这一突如其来的事变激怒了所有的中国人。李善邦和金咏深，以及几乎全部在日本留学的中国留学生，纷纷愤然离开日本回国。李先生和金咏深先生也都于10月初离开日本回国。回国前李先生有一篇日记：

　　十月八日

　　金君于本晚归国……昨地震教室欢迎松泽（松泽武雄，著名地震学家）由海外归，便邀吾两人，将是送别，席间今村言及中国地震研究之原因及将来希望。用日语仅识三分之一，无词以答。幸金君自认识其半，强说几句。

　　国事无解决，心日不预，诚不如归。地震教室之老事务员，作诗

───────────

① 李善邦1931年日记，私人收藏。

送余等曰：为弟为兄松柏心，本华同胞寄情深，如今风雨妒何急，徒使友交内外侵。可见此老忧怨之深。然日本举国后生皆如狼似虎，一二老人同情，何足道哉。[1]

　　九日到三鹰天文台，参观由河角介绍，有新装26吋天文镜，诚一彪然巨物也。

图4-19　1931年10月7日李善邦金咏深与日本著名地震学家松泽武雄、今村恒明等在东京大学地震研究所合影

（私人收藏）

前排自左至右：岸上冬彦 金咏深 松泽武雄 李善邦 今村明恒 福富孝治

后排自左至右：河角广 小严孝雄 铃木武夫 波野清芷 石本已雄 那须信治[2]

　　从日记可以看出，虽然日本军国主义分子挑起战争，但日本地震学家和中国地震学家之间已经建立起了友谊。而令人十分气愤的是，一些中国人却不知亡国之恨，怎么回事呢？我们来读一段李先生乘船回国途中的日记：

---

① 李善邦1931年日记，私人收藏。

② 陈运泰先生补注。

十月廿日

昨夜震荡殊甚，晚饭未食而寝，殊不适。

早来平静。同舟奉天人，皆不知亡国痛，整日谈笑，大声震耳，且赌麻雀，戏扑克，无所不来。呜呼！人必自得，而后人得之，商女亡国，夫复何言！

1931年10月21日早上李先生回到中国：

十月廿二日

早十时倾船泊大沽候潮，舟中客皆整顿行李，十一时半潮涨，船渐渐沿白河驶入……。①

九一八事变致使日本留学计划提前结束，尽管只有五个月的学习，但对于李善邦来说仍然是个大丰收。李善邦先生在他的《六十生辰回忆》里这样写道："从外国留学回来以后，见识广了，方法亦多了，极力把鹫峰地震台整顿成为名副其实的世界第一流地震台。"② 不过回国以后有一件事必须先去办，什么事呢？

1931年7月15日，李善邦在日本学习期间突然收到广东兴宁老家的来信，告知他的哥哥去世了。哥哥李善祥是他父亲李慎初开办的新式学校的老师，是教导李善邦先生走上科学之路的启蒙老师。哥哥突然去世的消息让李善邦悲痛欲绝，但身在日本无法回家奔丧。家人希望等他回来以后下葬，因此回国以后不久李善邦便启程回乡给哥哥下葬：

---

① 李善邦1931年日记，私人收藏。
② 李善邦，六十生辰回忆，地震地磁观测与研究，1989年06期。

二十一年（1932年）二月八日

去年（1931年）十一月十三日下午五时由津浦铁路南返……十五日抵京（南京），至北极阁唔咏深，彼正在装置地震仪。与仲辰共午饭，翌日晚即奔沪，至卅日始抵家门。先至亡兄殡前，痛哭一场。家人相见，悲泣而已，诚一生之至痛也！……抵北平已经（1932年）正月十八日。

1932年2月8日是农历正月初三，农历正月十八日是1932年2月23日。这次李先生往返北京与广东兴宁为哥哥奔丧，用了15天时间。

奔丧回来不久，李先生再赴南京。怎么回事呢？李先生回乡为哥哥奔丧的路上，他先到南京见了金咏深先生。日记里说金咏深先生正在装置地震仪。金咏深先生装置的，就是1932年6月中央研究院气象研究所建立的南京北极阁地震台。"这时，北极阁气象研究所也兼做地震观测，装有巨型维歇尔和加利清-卫立蒲地震仪。"[①] 不过北极阁地震台地震仪安装好以后工作不顺利，一直记录不到地震。于是翁文灏让已经有一定地震观测经验的李善邦南下去解决问题。关于这件事情李先生的日记里是这样记录的：

七月初，翁先生寄语南京震仪装置不长，数月来毫无记录，欲余南下视之。余即于七月廿一南下，抵宁后即寄住气象研究所。细察其震仪，约有三病：1.震仪之重心因改用磁铁矿——应用besalite（黑色矿），且下层用纯铁，必曾移易地位，不与掷臂在同一水平面上。2. Dynamic condition（动态条件）……未曾调整完全。3.生锈之处太多。第一项结果是减小放大倍数。第二、三项之结果使震仪不灵或竟不动。其直震仪（垂直向震仪）完全不动，余仅替其擦净铁锈，将直震之调整使灵，至潜震亦可记出而已。其clock works（钟）亦常停，因摆锤不与动轴在一垂线上，盖水准不对也。水准无法更动，乃将掷锤移于一边，

---

① 李善邦著，中国地震，北京：地震出版社，1981，3页。

使与动轴在一垂线上，遂常行不停。至其平震仪（水平向震仪）则毛病尚小，略小其阻力而已。事毕后，曾至仲奎（李仲揆，即李四光）家，遇仲奎在家，数年不见，彼此都觉老矣。归来已经八月二日。[①]

图4-20　如今保存在南京中山陵地震博物馆中的巨型维歇尔地震仪
（白玉摄）

图4-21　北极阁地震台的第一期
《地震季报》
（中国地震局地球物理研究所资料室提供）

图4-22　北极阁地震台
（詹庚申先生摄）

①　李善邦1932年日记，私人收藏。

为哥哥奔丧并为北极阁地震台调整好地震仪，李善邦又把一切投入到鹫峰地震台的工作中。关于他从日本回来以后的工作和生活，我们再来读几篇李先生的日记。先看工作：

八月十九日

自返粤回来后，便不记日记……数月来有数事可以记者：（一）垂直向之加利清震仪，于三月间到后，即着手装置。幸机件精密而简便，不数日便完工……回想前年，聚精会神，超三个月，始告完功。有经验与无经验，难易之间，诚不可以道理计也。

八月廿九

本日完成二卷第二期（五月至八月）震报。积数月之记录，以最后汇齐校对与推算，殊觉非良法也。以后改用随有记录随即完成报告格式之法，似较简便。

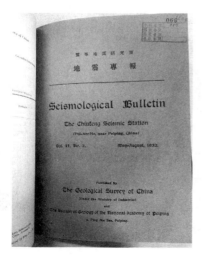

图4-23 二卷第二期《地震专报》
（中国地震局地球物理研究所资料室提供）

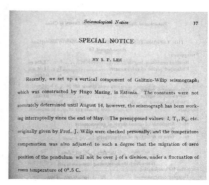

图4-24 《地震专报》中关于加利清-卫立蒲地震仪的说明
（中国地震局地球物理研究所资料室提供）

第二卷第2期《地震专报》，关于加利清－卫立蒲地震仪的说明：

最近，我们安装了一台垂直向的加利清－卫立蒲地震仪，这是由爱沙尼亚 Hugo Masing 制造的。常数直到 8 月 14 日才准确确定。然而，地震仪自 5 月底以来一直在间断地工作，预设值：$l$，$T_1$，$R_a$ 等。最初由 J. Wilip（卫立蒲）教授给出的预设值亲自检查；温度补偿也被调整到这样的程度，即在室温波动 0.5℃ 的情况下，摆锤零点位置的迁移不超过 1/3。

十月卅一日

本日忙于第六期专报及新房子内之设备……

夜村店同庆永请吃饭（可能是鹫峰山下北安河的乡绅），……席中略尽反面宣传。乡人毫无国家观念，中国地跨境域若何极不明了。拟日内挂地图一幅，予以资宣传。

本日特誌：

痛乎国难，加倍努力，被坚执锐，虽不能○，倡群学（群学即现在所说的科普）当自勉，呜呼！何日报国仇！（加重的叹号）[①]

在几十年后写的《六十生辰回忆》，李先生也写了从日本回来以后，在鹫峰的工作情况：

至于山寺沉寂，夜间在一盏煤油灯下读书，目困心眩，朦胧中听到野物悲鸣之声，不禁毛骨悚然。卒之克服一切困难，按世界共同标准，定期刊印地震记录报告，与世界各国地震台交换。外国著名杂志评论了我们的报告，说中国已有了自己的地震观测台与世界合作。中央地质调查所的领导人也认为地震研究事业可以搞得起来，允许我补

---

① 李善邦 1932 年日记，私人收藏。

充仪器，扩大研究场地……。①

根据秦馨菱先生的回忆："1932年8月先安装起加利清–魏利普电磁式垂向地震仪，不久其水平向（南北及东西向各一套）设备，也运到安装，这是当时世界上最先进的地震仪了。所记到的震相皆刊登于《鹫峰地震专刊》（双月刊）上，分寄世界各地震台与之交换。"②

再看生活加工作：

十月七日

丽丽（不到两岁的大女儿）于午后发烧，入夜热度高至三十九度六，说魇语（胡话），拟明日不好即进城医。

十一月十四日

十二日晚，贾君代为雇得一李妈。佣人问题至此暂告解决。山居原宜和尚生涯，然而不能免俗，安得不自寻麻烦哉！

近觉德文等之文法，类皆忘失，拟每日抽出些许时间温习，亦可以佐看书之效率也。

新疆地震研究室定震源地一段尚未完决，零琐应做之事甚多，每日用于此上的时间殊不多也。

十一月廿二日

早操后回来就记日记，常觉身心清净，决勉之使成习惯。

炸酱面炸得真香，味竟侵入办公室。但炸酱面殊厌腻，因海昭喜食之，故三五日又一回。

---

① 李善邦，六十生辰回忆，地震地磁观测与研究，1989年06期。
② 中国地震局编，中国早期地震台历史地震图鉴：第三卷 秦馨菱回忆，北京：地震出版社，2005，200页。

……

夜丽丽（大女儿）忽狂吼，梦中惊醒，幸随即安静。而咳嗽继之约半小时。

震源计算，差一些闹出大笑话。幸查得书快，不然竟以/e当e矣[1]。慎之慎之！

十一月廿三日

昨已经算出去年新疆地震之震源深度一百一十千米。此数颇近理。盖其震波会波及全球。其震源必深也。

十二月十六日

昨河角广氏来函，谓自别后，研究了许多问题，在《地震》发表。阅后不胜惭愧之至，余回国匆匆已经一载，问题未曾研究一个……[2]

从这几篇日记可以看到的关键词有：装置垂直向之加利清地震仪、编制地震报告、修改编制方法、群学（即科普）、报国之志、女儿半夜发高烧、佣人、温习德文文法、记日记的习惯、炸酱面的香味、计算新疆地震震源深度、发现错误以及和日本地震学家的友谊等。这些就是鹫峰地震台上的日常。

从日本回来以后，鹫峰地震台在学习了新知识、积累了新经验的李善邦

图4-25　1965年河角广先生作为东京大学地震研究所所长来中国访问时，送给李善邦先生的礼物

（老多摄）

---

[1] e系自然对数函数的底数，e=2.71828……，陈运泰先生补注
[2] 李善邦1932年日记，私人收藏。

图4-26　1934年春李善邦的老三（长子）出生
（私人收藏）

先生的主持下，工作和生活日进。鹫峰地震台从1930年两台小型维歇尔式地震仪，到1932年又增加了两台加利清-卫立蒲电磁式地震仪，地震台进入世界先进行列。地震台的地震报告定期与世界各个地震台交换。平时李善邦在地震台上忙，把地震台管理得井井有条。妻儿则住在秀峰寺那间耳房里（见图3—23），日子过得虽然说不上多舒适，一家人却也其乐融融。自1930年大女儿出生，1933年第二个女儿出生后，1934年4月27日，大儿子呱呱落地，"俗说'家和万事兴'，诚座右铭也。"①

　　　五月卅日全家照一片作为纪念。取名小杏，家名冀荣。海昭乳虽不多，但养活得小孩甚为可爱。②

经过几年的经营，鹫峰地震台已经步入世界先进行列，不过，科学每一分钟都在进步，任何科学工作取得一些成就以后，如果坐在取得的成绩上，赞美自己的成就而不学习新知识，科学工作就会落后，更何况是一个只有三四年历史的地震台。作为中国地震研究事业的开疆者，翁文灏很清楚这一点。1934年翁文灏又为李善邦争取到中华教育文化基金会（即管理美国第

① 李善邦1932年日记，私人收藏。
② 李善邦1934年日记，私人收藏。

二次退还庚款的基金会）一笔经费，决定让李善邦赴美国学习。

> 廿三年（公元1934年）七月携春（即李善邦夫人罗海昭）回粤。
>
> 已获得文化基金会补助费——美金八万元。又翁所长允由调查所（即地质调查所）另臻贴四万金元后，遂决定先赴美。家眷决定送回粤住。①

关于这次去美国，李先生没有留下日记，但留下一本事后记录的"记事"本。在这本"记事"本里，他十分详细地记录了赴美前后的日日夜夜。在"记事"本的篇首李先生这样写道：

> 自民国十九年（公元1930年）作地震研究生活以来，即有日记，只因研究事象，不会逐日而异。日记虽常因无事可记而停顿，名为日记而实非按日有记。此本新，以其说是日记，毋宁说为笔记，因名记事，取有可记之事时便记也。②

李先生亲自把家眷送回广东老家以后，还做了几件事：

见翁先生（文灏）

> 翁先生于二月十六日于京杭道遇险几危及生命。五月二日由杭返抵协和医院调治。余于同月廿四下午前往探视。事前闻医院看护甚严，不轻放人探视……至三楼为看护所阻，乃出一有地震研究室字样之名片。彼乃放过。入门见翁先生徐步于室中，正看余之名片，见余入即由桌下拽一凳叫坐。伊则躺于卧椅。面目大变，几不可认识。额角陷落，右目微肿，频频以手拭按，似有泪流出。余曰："此次翁先生吃苦

---

① 李善邦记事本，私人收藏。
② 李善邦记事本，私人收藏。

矣。"答曰："岂吃苦而已，几乎丧命，惟现已经大好。"末谓不日可以出院，惟医生云尚需鼓入少许空气于脑中。余不及问其是何作用。谈话约半小时，垂问甚详。除余之出洋事外，尚及余近日工作，并谓余之作文殊不善于表现，当努力学好，余惭愧之余，殊觉其言之当，以后当竭力抽出时间研究作文，盖行文不畅达，即有好意思亦无法于示以人也。

六月十五日记 [①]

1934年6月开始到南京办理护照等事宜：

到南京唯一事情，是领取护照，不意于几分钟内办妥，心中颇为痛快，乃计划在南京痛玩几天……

廿三日下午到北极阁气象研究所找金咏深君，由伊引余至其办公室。取出加利清震仪记录见示，殊多调整不佳之表现。金仅将显著的稍加指示。随入其仪器室参观，其震仪与记录之部分相距颇远，而一部导线未埋入地下。其记录室之布置亦甚坏…… [②]

然后到上海与龙相齐见面：

是日下午三时即到上海。

廿九日早到徐家汇见Gherji（龙相齐），因正在伊发电之时，遂约下午五点时再见……时已四点半，急出搭车至徐家汇见Gherji。彼已先写好数片为我介绍于Gutenberg（古登堡，著名地震学家，此次去美国学习的导师）Daly等人。稍谈及于地震问题，后取出其新装之短周期地震

---

① 李善邦记事本，私人收藏。
② 李善邦记事本，私人收藏。

仪……谈话到翁先生之病，伊谓于翁先生跌伤之夕，曾于即晚到杭慰问……

一九三四年八月廿七日日记 [①]

从李善邦先生这段时间的"记事"可以看到，出国前的几个月他奔波于北京协和医院、南京、上海的一些大事情和小事情。

其中最大的事情莫过于看望受伤的翁文灏。这次李善邦去看望翁文灏，是因为1934年2月16日，翁文灏从南京乘车赴浙江长兴煤矿调查油苗（即石油露头，当时中国非常缺石油）时遇车祸，几乎丧命。在杭州经过抢救躲过一劫，昏迷了40多天的翁文灏奇迹般苏醒了过来。5月2日转到北京协和医院继续休养治疗，5月24日李善邦来到北京协和医院探望恩师。此时翁先生身体已经大好，见面以后仍然不忘和李善邦讨论工作，并直言李善邦"作文殊不善于表现，努力学好"。何为作文不善于表现呢？作文和小学作文课一样，是写作的基本功。过去中国的作文以古文、骈文为主，不适于描述精确的科学理论。因此翁文灏先生希望李善邦能学习好作文，作出行文畅达、意思准确的，既有好意思又可示人的作文。"余惭愧之余，殊觉其言之当，以后当竭力抽出时间研究作文，盖行文不畅达，即有好意思亦无法示于人也。"四十七年以后出版的《中国地震》，应该是李善邦交给恩师最优秀的作业。

第二件事是去南京取护照，护照顺利取到以后他在南京游玩了几天，期间没忘了去气象研究所的北极阁地震台看望同行金咏深。

第三件事是去上海见他的启蒙老师龙相齐。龙相齐为李善邦这次赴美学习写了推荐信，他把李善邦推荐给了当时世界上最著名的地震学家古登堡。

一切都安排停当，1934年9月1日李善邦登上了Taff总统号邮轮，从上海黄埔港出发，横跨太平洋驶向美国旧金山。这是李善邦第一次长途旅

---

① 李善邦记事本，私人收藏。

行，邮轮上的一切如此新奇。关于李先生刚上船时的好奇，我们读两段他的"记事"：

> 总统轮14000吨……所谓二等舱者，一房只容二客，有床两张，相对放，其弹簧甚好。洗面盆一、衣柜一、橱柜一，安置极其妥善，房亦宽敞，有地毯。天花板装饰极美。洗澡室中有卧盆有莲蓬浴，可以任用。饭厅在船之中间，由卧室直穿小巷而达。其前写字室，设有Sofa（沙发）数件，书桌四张，皆备有笔墨、信纸、信封，备客人使用，另有一书橱有书数十本，在一定时间内可以借阅……。
>
> 翌日上船楼眺望，上有天下有水，习习凉风而已。经坐于一躺椅上，有顷船童来问要椅否？余知此躺椅可以买定，乃出二美元，买至旧金山，此后每日早饭后即上去一坐。

李善邦乘坐Taff总统号邮轮横跨太平洋的旅行，就这样开始了。邮轮于9月2日早抵神户，3日下午到横滨，12日下午九点抵檀香山，经过18天的航行，于9月18日抵达旧金山：

> 十八夜抵旧金山。初在船上，忽忆余并未检验体格，恐上船时移民官为难。一时殊为焦灼。及上岸时，移民官问话及海关检查，均极简便。不若在国内时想象中之麻烦。登岸后宿于青年会。翌日上午，南太平洋铁路公司来接洽购车票，余购好车票，将行李两件交付后，即打一电报与黄仲辰来车站候接。下午搭游阜车，环游全阜。除物质讲究以外，一无可观。惟水族馆之异彩异形之鱼类及草地中之野牛（今以养畜）殊令人难忘耳。六时赴车站，搭夜车到Los Angeles（洛杉矶），车上服务多为黑人，不甚黑，灰黑而已。①

---

① 李善邦记事本，私人收藏。

李善邦赴美学习的地点是加州理工学院地震研究室，老师是著名地震学家古登堡（Beno Gutenberg，1889—1960年）。古登堡是德国犹太人，1908年入德国哥廷根大学，1911年获博士。1930年移居美国，并在加州理工学院担任地球物理学教授和地震研究室主任。他与加州理工学院的同事查尔斯·弗朗西斯·里克特（Charles Francis Richter，1900—1985年）合作提出了测定地震强度的里氏震级标度。

李善邦到达洛杉矶以后，马上就去见导师古登堡。

> 廿日八时十五分车抵Los Angeles，黄仲辰与黄夏千二兄已先在站，出站后，即改登电车来Pasadena（帕萨迪纳），伊等已为我赁好房子，遂直到寓所休息。房东备早饭食后，即与孟昭英君（已来此一年，现与余同住）及二黄到C. I. T.（即加州理工学院）地学楼找Gutenberg（古登堡）。及至一询，Gutenberg在Seismology Laboratory（地震实验室），离C. I. T.有四英里之远。由Secretary Miss Reno（秘书Reno小姐）用电话通知，回云当于十分钟内来会。会面后寒暄已毕，即引吾至图书室与余商入校手续，及余说明余不欲读degree（学位）之理由，乃教余如何填写入学单。履历项下填入之前在徐家汇天文台工作过，现为鹫峰地震研究室主任及介绍人Gherji（龙相齐）、翁文灏。及Gutenberg送往注册处，当即允许为International research fellow（国际访问学者）。已无需缴学费，可以利用学校一切设备……。①

一个中国学者初到美国，刚见到导师，在两个人还完全不认识的情况下，推荐人就成了关键。看了翁文灏和龙相齐的推荐信，古登堡当即决定，李善邦作为International research fellow，而不是来读degree（学位）的student（学生）。可见推荐人龙相齐肯定是得到古登堡尊重的地震学家。

---

① 李善邦记事本，私人收藏。

图4-27 参观新式仪器
（私人收藏）

就这样作为International research fellow的李善邦，在美国加州理工学院地震研究室的学习、工作和生活开始了。

开始几天古登堡带李善邦参观了地震研究所的仪器室，仪器室的仪器首先让李善邦大开眼界。他在日记这样写道：

现用者有三种：（一）Anderson Wood（安德森·伍德），（二）Benioff（贝尼奥夫）实验式，（三）是长管平衡（20公尺），一端含铜片置磁场中，是装置颇为奇特，其记录皆用照相，另有附属之地震台。每日有廿百张记录纸，在此冲洗，诚大观也。[①]

图4-28 地震研究室里的仪器
（李善邦摄）

① 李善邦记事本，私人收藏。

此外地震观测的管理，也让李善邦大开眼界。古登堡是研究室的灵魂，另外一位地震学家次之，还有一位科学家专门负责仪器的研制，"其能力似不小。"[①] 研究室有自己的小工厂，工人只有两个，其中一个还是加州理工的学生，所以专职工人只有一位。世界著名的地震研究室，研究人员的配置如此精炼。

刚到美国的生活，李善邦亦有不少心得：

> 房屋全部以木构，盖亦怕地震，但不似日本房屋之景象，东与西各有异趣也（美国加州和日本同样都是地震多发地区）。门前离马路有数丈之地，绿草如茵，马路之旁皆大棕树，其大叶如旗，美丽之至。晚饭时房东改称余Dr.Lee（李博士），余始愕然，后乃知报纸上刊载我到此地之消息。大概新闻记者来采访消息时，Gutenberg与之言及也。[②]

报纸的报道是这么写的：

> 东方的地震专家来了
> 中国学者李博士加入了本地的研究团体，将对地方性的方法进行研究。年轻的权威将在此停留六个月。

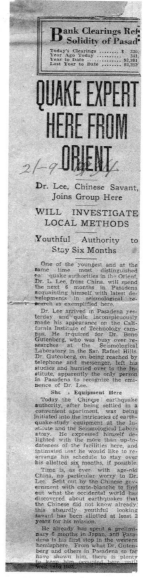

图4-29　当地报纸的报道
（私人收藏）

---

① 李善邦记事本，私人收藏。

② 李善邦记事本，私人收藏。

李博士是来自东方最年轻和最杰出的地震权威之一。在未来的六个月中将在帕萨迪纳地震研究室学习最先进的地震研究成果。

李博士是昨天到达帕萨迪纳的，并不引人注目地出现在加州理工学院的校园里。他寻找古登堡博士，后者正在 San Rafael 山下的地震实验室忙于研究。古登堡博士收到电话和专人送来的信息以后，立刻停止实验，赶到学院。显然他是帕萨迪纳唯一一个了解李博士重要性的人。

今天，中国的地震权威住进了一个便利公寓，之后来到了学院的地震研究室，古登堡博士为他介绍研究室复杂的地震研究设备。他表示非常高兴看到这些最新的科研仪器，并考虑延长计划，六个月之后继续留在这里。

时间对于古老的中国，对李博士并不是一个大问题，他是由中国政府全权委托送到西方，来了解西方世界在地震研究领域的全新发现，这些发现尚未为中国人了解。这位看起来不可思议的年轻中国学者，计划用两年时间完成这一使命。他已经在日本停留了最初的六个月，而帕萨迪纳是他在西半球的第一站。从古登堡博士等人展现给他的信息来看，有足够工作可以让他停留到1935年年中。

图4-30 在加州理工的李善邦先生

（私人收藏）

由于李善邦的住处距离地震实验室有4英里，而且没有公交车可以直达，古登堡先生就每天接他去实验室，并把自己办公桌对面的桌子让他使用。

加州理工地震研究所的地震

观测是当时全世界最先进的，那里的地震学家也是全世界顶级的。关于他的导师古登堡，从一段"记事"可见其人：

　　C. I. T.教授古登堡氏，犹太族，年仅四十有余。Wiechert（维歇特）氏之门徒（E. Wiechert，国际著名德国地球物理学家，维歇特地震仪的发明人）。五年前由德被聘为C. I. T.气象及地球物理学教授。现入美国籍。每日七时半驾车至San Rafael（离城约25里）地震实验室埋头工作，至11半回寓午膳。下午一时再至。至四时半停止工作翻阅当日收到之杂志及单行本等。阅毕分类置于座后书架上。五时回寓。从未见其作笔记，而其作文引参考书类甚广，其记忆明辨诚有过人者。每逢星期五晚在寓所设座谈会。先约二三友人晚膳或另备简单茶点，讨论问题不限于地球物理一门，凡政治哲学人情风俗，均为谈论资料。而以彼此交换见闻为最要。家有老母、妻子及儿女各一。佣一黑种女工。家庭中充满愉快之空气。[①]

图4-31　古登堡先生（左）一家

（李善邦摄）

_____

① 李善邦记事本，私人收藏。

图4-32　在古登堡办公室工作的李善邦
（私人收藏）

那么李善邦这次赴美学习的目的，就是参观和学习更多、更先进的地震仪器，然后回国把鹫峰地震台装备成更先进的地震台吗？关于在加州理工学院地震研究室的工作，李先生在"记事"里这样写道：

> 余拟在此住上半年至一年，目的在研究地震探矿……在白莎登那（即帕萨迪纳）时对于地震学的研究工作做得不多。理工大学（即加州理工学院）里有我一间研究室，在天体物理馆之二楼。当不到地震研究室（即地震实验室）去时，即在此读书，主要是研读地球物理基础知识方面的文献。因此古登堡先生作专题讨论的时间不多。当时我对出国留学的看法，与一般不同，那时候留学生皆迷于做学位，为回国后可以获得教授或其他高级待遇。余则因工作和地位一切都已定了（那时是鹫峰地震研究室主任），学位之有无对于个人的前程关系不大，一心想发展我国地震和地球物理研究事业。弥觉需要有较广泛的学术基础。[1]

李善邦先生这次赴美到古登堡地震实验室学习，不是只为了了解更多

---

[1] 李善邦记事本，私人收藏。

先进的地震仪器，然后购买更多先进的仪器，把鹫峰地震台装备成更先进的地震台，更不是拿学位。这次来美国学习的目的是，为发展中国地震和地球物理研究事业而进行的一次扩展学习。扩展学习就要学习比地震观测更广泛的学术知识。地震台的工作是以观测为主，但地震学研究要做的不只是记录地震，还要深入研究地震的起因、地震发生前后地壳的变化，以及地震对建筑等造成的破坏、地震是否可以预报等问题。要回答这些问题，就需要更多的知识基础，其中包括地震地质和地球物理学。另外，地球物理勘探也是当时国家急需的一项重要科学研究项目，因此学习地球地质、地球物理学和地球物理勘探是李善邦这次赴美的重要任务。

图4-33　加州理工学院天体物理学大楼

（李善邦摄）

于是一心想发展我国地震研究事业的李善邦，开始了在加州理工学院地震研究室的学习。他在加州工作、生活了10个月。这10个月李善邦在古登堡和加州理工学院其他科学家的指导下，不但对各种新型地震仪器有了全新的了解，开阔了眼界，还学习了地震探测、磁秤测量等，对他、对当时大多数中国科学家来说都是全新的地球物理学理论和知识，大大丰富了他的知识储存，为后来在极端艰苦的条件下继续开展各种工作，打下了不可或缺的坚实基础。下面根据李先生的"记事"梳理一下他在加州理工学院学习的主要收获。

## 地震探测试验

地震探测学习为余来 C. I. T.（加州理工学院）目的之一。初到之第一学期，地质系有以地震方法研究之L及F之计划。余随古登堡教授参加。全队人员除古登堡外有系主任、技术员及研究生二人。使用汽车三辆，一为钻机车，以普通货车改装，二为记录车，装载仪器及各附件，其三为装载炸药。每日早七时出发，在外午餐，至下午四五时返城。一切工作由古登堡领导。二研究生担任钻眼，须钻三四千尺，以后放入炸药制造地震。余与古登堡担任布置仪器。一切处置停当后，技术员以电话通知令爆炸。记录当即冲洗即以车厢为暗室，定影后古登堡呼余同查看。若有问题，再重复一次爆炸。如无问题即异地做下一次试验。F计划的探测目的在研究该地花岗岩之厚度，不能当日来回，野宿于深林之中。最后一次试验至黄石公园，美国国家公园之一。余等住宿于公园办事处。虽在荒山之中，报章杂志一应俱全。余初来时未探询住办事处，未带常服，工作毕，看见人皆换干净衣服或阅报或坐室内游戏。独余仍穿工作衣服，一时颇囧。山中有野熊，驯不与人为敌。余初不知，有一次古登堡因为测距离须使用大型地面爆炸，

图4-34　黄石公园经常可以遇见，但不伤人的野熊

（李善邦摄）

恐惊江边垂钓者，令余沿江而上遇有钓者，知会之使注意。半途遇一熊在河边洗浴，惊而返奔，熊亦落逃。后问古登堡知此地之熊，虽野物但不伤人。[①]

接着李善邦又参加另一项地球物理学方面的探测试验——磁法探测。

一九三五年春，Soske 为完成博士论文，须在南加利福尼亚一带做磁法探测。余通过古登堡跟他见习磁秤测量。用的是 Schmidt（斯密特）磁秤，他掌握垂直分向，我便用水平分向，约每千米测一点，做了几条很长的测线。每夜在沙漠中野宿，用罐头食物自己弄食。S博士为人还不错，在路上还教我开汽车，猎野鸟。但内怀企业心很大，后在白莎登那（帕萨迪纳）开行营业。我一九四七年再度到白莎登那时，还遇着他，谆谆嘱我为他在中国拉生意。[②]

和内怀企业之心的S博士学习了磁秤探测技术以后，李先生又和另一位做博士论文的学生学习重力测量。

做完磁法探测后，做了小结又参考了一些文献。不久 Peterson（彼德森）也在结束他的论文。他是做重力测量的，仿法人雁月飞（在中国徐家汇当过台长）的倒摆重力仪，他自制了一种重力仪。要在南加利福尼亚一带进行测量。经古登堡介绍，我又跟他去见习重力测量。工作地区离白莎登那比较近，朝出晚归，中午带上野餐，站着就吃了。因他的仪器并没有完全过了技术关，结果不大理想。Peterson博士的祖先是瑞士人，为人很和气有情义，谈起我不久要到科罗拉多，他再三要

---

① 李善邦记事本，私人收藏。
② 李善邦记事本，私人收藏。

图4-35 哈勃发现宇宙红移现象的
威尔逊山天文台
（李善邦摄）

我到他母亲那里去作客，可惜后没有机会去。[1]

李善邦从旧金山登上美国大陆以后，他就像一块掉进水里的海绵，如饥似渴地吸吮着身边一切全新的知识，10个月的时间很快就过去了。1935年7月，李先生结束了在加州理工学院地震实验室的学习，根据导师古登堡的建议赴德国继续地球物理学方面的学习：

一九三五年七月，我结束了白莎登那（帕萨迪纳）的学习，与古登堡教授告别，拟赴德国到Potsdam（波茨坦）和Jena（耶拿）学习。他给了我到上述两地的介绍信。七月即启程横跨美国大陆至纽约。此时美国已有通行东西两岸间的长途汽车，即Greyhound（灰狗）汽车。购了通票可以把行李托运了，许在一个月之内随意在路上停留，只要不走回头路，不多索车费。比坐火车方便。且座位很软适，与现在飞机上的坐席一样，按之能向后斜靠，便以睡觉。

首先到旧金山至Berkeley（伯克利）大学找Byerly（P. D. Byerly 拜尔利）教授谈地震，后至登瓦（丹佛）大学科罗拉多矿业学院，参观该校的物理探矿。顾功叙在车站接我。即到其寓所借住。其时正是暑假，只看了一些顾功叙的实验室，他正在做扭秤实验。曾游览附近山景，此地原是矿区，多金矿。现已开完。山上有博物馆，可进去参观……

———————————————

[1] 李善邦记事本，私人收藏。

图4-36　Greyhound灰狗长途汽车，左一为李善邦

（私人收藏）

顾功叙先生（1908—1992年）是我国著名地球物理学家，李善邦这次去美国时，他正在科罗拉多矿业学院留学，那时他已经硕士毕业。和李善邦见面后不久，他即赴加州理工学院在古登堡先生指导下继续进行地球物理学研究。

随后离登瓦过密西西比河，到圣路易斯，找Macelwane（迈克尔温），他是St.Louis（圣路易斯）大学地球物理系主任，这里有地震研究机构从事地震观测，研究者是美国四个地震研究中心

图4-37　在科罗拉多矿业学院与顾功叙先生（右）会面

（私人收藏）

之一，叫J. S. A.，其属下有一组地震台网，出刊综合性的报告。早年的深震时距曲线的作者Brunder，即在此。他极赞扬我们的鹫峰地震报告，说对他很有用。颇觉惭愧。旋至华盛顿Carnegie Institution（卡内基

研究所）的地球物理实验室，参观了肖君的岩石物理性质分析工作。及到美国海岸测绘局（U. S. C. G. S.）访问。第二天雇一汽车寻访华盛顿、林肯、李将军等名人墓。到后才发觉是星期日，陈列室不开放。只在墓园转了一圈即回寓。

后到 Georgetown（乔治城）大学，访 Sohon，谈了一些关于地震仪的问题。连夜赶赴纽约。在纽约的熟人只有宋森。宋到野外去了。在哥伦比亚大学认识了李少华和吴半农二人，谈得颇投机。在纽约住在哥伦比亚大学附近的小旅馆中。晚间许多青年学生在此过宿。随后宋森回来，谈了一些别后情况，我即买轮票东渡。[①]

图4-38　从美国东渡欧洲
（私人收藏）

李善邦先生1934年9月赴美，来到加州理工学院地震实验室，跟随古登堡先生学习，1935年7月学习结束。在美国加州跟随古登堡学习的10个月，这块被扔进水里的海绵，可以说是收获满满。离开古登堡以后，从洛杉矶去纽约乘船离开美洲赴欧洲以前，他又乘灰狗做了一次横跨4500多千米，穿越美国大陆的旅行。这次旅行途径旧金山、丹佛、圣路易斯、华盛顿以及纽约等地。从他记事中记录的，一路上访问和会见的人可以看到，李先生这次横跨北美的旅行，并不是游山玩水，这一路他去了伯克利大学、科罗拉多矿业学校、圣路易斯大学、卡内基研究院、乔治城大学和哥伦比亚大学，李善邦先生没有一分钟停止学习。

不过在德国的学习就没有美国这么顺利了。在德国也是停留了10个月，

---

① 李善邦记事本，私人收藏。

关于这个时期的故事，我们再来读李先生的"记事"：

在德国学习：1935，9月—1936，6月

一九三五年八月，由纽约乘德国轮船Bren men渡大西洋，船甚大，载重六万多吨。船中设备甚好，远非行驶于东方之船只所能比拟。余买的三等舱，一房两铺，我一人独占。遇到一些客人，不得志于美洲而返回祖国的欧洲人，大肆言美国生活如何不及欧洲好。船上没有遇见中国人。一个人有些胆怯，不敢乱跑。有一在美国读完大学回国的女乘客，带着我到全船各处走了一周，了解到船真大，还带着一架飞机，备中途起飞送信。起飞时滑转一圈后即起飞升空。

一路风平浪静，四天到德国港口，在Bremen（不来梅）转乘火车到柏林。李春昱在柏林车站接着。海外相逢，倍加亲切。即引我至一旅馆暂住。德人很少说英语者。法语较流通。来时误信美国人的大话，谓德国人都懂英文，因此事前没有准备，一时相当苦恼。随后租得一间房，拟在柏林住到年底。房东Moris（莫里斯）是犹太人，是个大胖子，很爱钱又好人奉承，因只打算逗留一段时间，便将就住下，随即开始按计划学习。时已九月。[1]

李善邦到达柏林以后来接他的是李春昱先生（1904—1988年，我国著名地质学家。1928年从北京大学地质系毕业以后，来到地质调查所，从1930年开始和李善邦先生就是同事。他1934年赴德国柏林大学留学，1939年获德国柏林大学博士学位。此时正在德国柏林大学学习），老朋友在海外重逢，真可谓"有朋自远方来，不亦乐乎"！

籍古登堡的介绍信，到Potsdam（波茨坦）地球物理研究所联系，

---

[1] 李善邦记事本，私人收藏。

图4-39　柏林大学
（李善邦摄）

图4-40　在柏林与当时的中国留学生，后来的著名地质学家
们：左一李善邦，左二李春昱，左三李承三，左四（抽烟斗者）
黄汲清，右二方俊
（李善邦摄）

允许我进去，但无招待。我的目的是找K. Jung学重力，他在柏林高工授课，初期德语很不熟，同他谈过几次，最后参加一次野外实习，做扭秤探测。波茨坦离柏林数十千米。每日从柏林坐电车来上班，带着午餐，在图书馆查文献。因缺乏实际指导，语言又不便，事实上没有学到东西。圣诞节后便打算离开柏林赴耶那（Jena）（耶拿）。①

① 李善邦记事本，私人收藏。

初到德国，语言成问题，波茨坦的德国人对李先生也没有美国人那么客气。波茨坦距离柏林数十千米，为什么不在波茨坦租房子，而要每天来回坐将近100千米的电车呢？因为波茨坦是寸土寸金的地方，李善邦根本租不起那里的房子。但在波茨坦的学习并不像李善邦先生说的那样没有学到东西。和德国科学家一起去野外做扭秤探测试验，为李善邦抗战初期的探矿工作积累了宝贵的经验。

初到德国的生活虽然不尽如人意，却也丰富多彩，我们来看李先生的笔记：

在柏林的三个月，每星期日约李赓阳（即李春昱）、李承三（1899—1967年，中国著名地质学家，河流地貌学奠基人）等，在中国饭馆吃晚餐，总是一味烧豆腐。居常很少到各地游玩，有一次黄汲清（1904—1995年，我国著名地质学家）来到与李赓阳等同去Potsdam（波茨坦）逛了一次皇宫，皇宫地区风景优美，人工建造亦很精美。

图4-41　勃兰登堡门

（李善邦摄）

图4-42　波茨坦皇家园林　　　　　　图4-43　皇家大教堂
（李善邦摄）　　　　　　　　　　（李善邦摄）

　　初到柏林因德语不熟，无法参加学术活动，曾请人补习了一个时期，直到快离开柏林时，才稍微能讲。是年在柏林过年，西俗圣诞节在家中过，后数日过年则到外间寻乐。是日余与李赓阳寓晚膳，膳后同至最热闹的市区Friedrich Straße（弗里德里希大街）观光，今夕是金吾不禁，在街上走了一程后，入一咖啡店求饮，坐下欲举杯，忽音乐大作，方奇异间，隔座女客猝来拉我们跳舞，尽管我们再三说不会，强行一人拖一个下场跳起来，弄得狼狈不堪。俟音乐停后，不敢久坐，悄然出门去。入乡问俗，我们没有学会跳舞，不合西俗，遂难免闹笑话。①

　　在柏林和波茨坦工作生活的四个月很快过去，新年过后，李先生来到耶拿。耶拿是德国精密仪器制造中心，著名的蔡司公司就在那里。另外还有著名的耶拿大学，卡尔·马克思就是从耶拿大学获得博士学位的。耶拿的地震研究所也是世界著名的地震研究所。

---

① 李善邦记事本，私人收藏。

一九三六年年初抵耶那（耶拿），籍古登堡的介绍见地震研究所所长 Sieberg（西伯格），他当即允许我在此研习，并指定一个办公室，给我专用，又给我大门钥匙，待我很诚恳。初跟 Meißner（迈斯纳）学重力测量，彼很认真教我，学会了测量的全套，并做了总结文章。他亦给我很细地修改。汝又与 Gerrick 做扭秤测量试验，没有完全做完，接到国内来电，指华北风云日紧，鹫峰地震台须迁走，叫我即回国。余便匆匆结束学习，准备归国。[1]

图4-44　与德国科学家在野外做试验，左一为李善邦

（私人收藏）

在耶拿地震研究所的学习很顺利，对重力和扭秤探测技术又有了更进一步的了解。扭秤探测技术是英国著名物理学家卡文迪许 18 世纪发明的，已经有比较长的历史。而重力仪正式发明的时间据说是 1939 年，1936 年正是重力仪即将研制成功的前夜。这次李善邦跟 Meißner 学习的全套重力测量，应该是当时世界最新的技术。

在耶拿又学习、工作和生活了六个月，李善邦在"记事"里记下了这段时间不少趣事：

---

[1] 李善邦记事本，私人收藏。

在耶那（耶拿）住了六个月，先找了一个住处，很不雅洁。几天后在理发时间得一家，遂迁去，前房东虽允我搬走，但兑不出房钱，拖欠很久，最后哭哭啼啼了事。后来的房东叫Hayford，两个老夫妻，无职业靠房租生活。老人喜欢喝啤酒，抽烟斗，老妻只给供应很少量，有时遂不免吵架。一次儿子来看他，请他喝了一个饱。余甚怜之，有时给他一点烟又带他去喝啤酒。初到耶那很少与人往来，后遇一二中国留学生，得知有翁德夫人，常组织外侨到外地参观，我常参加。曾去过哥德故居参观。同住有二房客，一个是布商店员，一个是医科大学的女生。她为人很活泼，常改正我的德语。女学生走后，补来一个学法律的大学生，是个活动家。星期六常拉我去看大学生舞会，在那里看到不少留学生。我离开耶那时，他邀了他的女友，在家开跳舞酒会，为我送行。[1]

图4-45　纳粹分子的游行

（李善邦摄）

20世纪30年代后期，整个世界都处在一种惴惴不安的气氛中，德国政府已经于1933年落入纳粹头子希特勒的手中。李善邦在耶拿学习时，距离中国的抗战和二次大战爆发只有很短的时间：离七七事变（1937年7月7日）还有1年，欧战爆发（1939年9月1日德国进攻波兰）还有3年。

收到地质调查所的电报，1936年6月李善邦从德国出发，结束了他这段将近两年的留学之旅，踏上了回国之路。这段回国之旅亦可谓丰富多彩：

_____

[1] 李善邦记事本，私人收藏。

取道地中海回国，过意大利时须转车，因行李笨重须叫脚夫搬运，而没有意大利钱，晚上又无处可换，仓促中给他一包烟做酬谢，其人很不高兴，但亦无奈何。至意大利港口，Venice（威尼斯）上船，Venice是个水城，多水街以船作交通。回国的船是Victoria（维多利亚），是意大利三个快船之一，一万多吨。船上遇到化学老师王琎（1888—1966年，东南大学时的化学老师，中国近代分析化学开创者），旅中便不寂寞……后即进苏伊士运河，过红海，热不可当。天空呈红色，映水亦红，故称红海，蒸汽沾身有些发黏。过红海后，横渡印度洋，到印度西海边Bombay（即孟买）靠岸，船客多上岸观光，建筑尽西式，商业招牌亦皆英文，表现出英帝国的统治。居民多瘦弱，看来生活很苦。最难忍的两件事：先看见一个人盘坐于海滨矮堤上，全身涂满一层泥，对海如一泥菩萨，若有所思，不知此何为者。到一山坡中，有丛木，树梢立有数头怪鸟，秃头勾嘴，据说是吃人的，缘印度人死后，抛置野地，供雕食，名曰天葬。余不禁黯然……再行至锡兰（今斯里兰卡），在科伦坡登陆，游一寺参其佛，此间佛教与我国所信者大不相同……船再开至新加坡，有些客人至此下船，予亦登岸闲游，街上熙熙攘攘，华侨甚多，店铺构造陈设，与广东香港所见一样，商业招牌亦以中文为主，不禁肃然起敬……船在此过夜，夜间发生了一宗可笑的事：有夫妇二人从新加坡上船，是归国的华侨。是夜无风，大家开着窗睡觉，不知何故睡至半夜，忽然一个巨浪拍来，海水从窗口涌进，靠船壁一边床铺均被水湿透，值夜班的意大利船役，为换铺换被忙得不可开交。他带了一位客人，摸了一个下铺看没有人，就叫他睡下。哪知上铺睡了那个华侨妻子，其男人原睡在下面，碰巧到厕所去了，回来发现鹊巢鸠居，大吃一惊，后又大气，于是便吵开了。可怪的是，彼此都用英语，仓率中却辞不达意，愈吵愈糊涂。我见此情况，急向前用中国话给予解拆，然后他们才想起可用中国话，彼此道歉几句就完了。

　　在新加坡闻广东政变，担心不能回到家。船行七天抵香港。得悉是陈济棠反蒋，其部下余汉谋当即乘机联蒋倒陈，所谓政变就此了了。①

　　李善邦先生这次归国之旅，先从德国坐火车到意大利，在意大利登船，经地中海、红海、印度洋到新加坡，再从新加坡到香港下船，经过七天七夜的旅行，终于回到了祖国。

　　省城政界真热闹，余即日取道东江，返兴宁故乡，到了邑城海昭即带着冀荣（大儿子）自娘家出城来会，相见甚欢。冀荣已长得很长大，已有些背不动他了。②

　　回国之后，李善邦在老家休息了一段时间，大概在一九三六年十月，他和家人来到南京，见到了翁文灏。此时地质调查所已经迁到南京。部分地质调查所和鹫峰地震台仍然留在北京，谢家荣先生（1898—1966年，我国著名地质学家）任地质调查所北京分所所长。李先生不在时，翁文灏先生的堂弟翁文波（1912—1994年），刚从清华大学物理系毕业，而且他的毕业论文是《天然地震预测》，所以翁文灏让他来鹫峰地震台接替李先生一段时间，另外还有一位叫潘家麟的助理。所以李先生离开后鹫峰地震台是由翁文波、潘家麟和贾连亨值守。不过翁文波先生在1936年李善邦先生尚未回国以前，考取英国的庚款留学生赴英国留学，提前离开了鹫峰。恰巧李先生回国前潘先生又患睡眠病，送到南京住院已经有一个月，鹫峰上只剩下贾连亨一人。

　　1936年10月李善邦回到了离开已经两年的鹫峰地震台，随即开展工作。那时翁文灏兼任资源委员会主任，谢家荣建议在国外学习了地球物理探矿的

---

① 李善邦记事本，私人收藏。
② 李善邦记事本，私人收藏。

李善邦，和资源委员会合作，地震研究室在做地震研究的同时开展地球物理探矿工作。

一九三七年春末夏初，地震观测工作已布置就绪，潘家麟病亦痊愈，资源委员会新买扭秤无人会使用，谢家荣要求到湖南水口山探测铅锌，当时我同他说，这种仪器对探测金属矿不会有成效，无奈谢家荣再三催促，不得已答应去试试看。[①]

图4-46 水口山探矿，左一为李善邦

（私人收藏）

不过这次去水口山探矿，在李善邦先生的日记里没有留下具体的记录，李先生一本1937年的日记本里，只有一些极其简单的记录，比如：

六月七日：

repoot No.89

---

① 李善邦记事本，私人收藏。

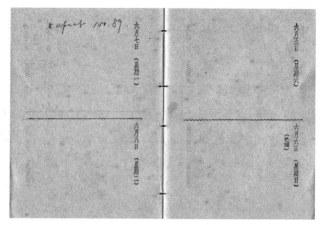

图4-47　李善邦1937年日记

（私人收藏）

六月九日

本日离水口山

图4-48　李善邦1937年日记

（私人收藏）

六月十四日

由衡阳返抵南京

六月廿日

抵北平 [1]

图4-49 李善邦1937年日记

（私人收藏）

从记事和日记的记录推算，这次水口山之行从初夏开始（北京的初夏应
该是4—5月），到6月20日回到北京，行程大概一个多月，然后再没有关于
这次扭秤试验的其他信息。不过第二年，即1938年6月李先生在《地质论
评》发表了一篇论文《扭秤探测方法大意》，在论文中他这样写道：

> 在我国，李仲揆（即李四光）先生提倡此法已有七八年，他有一具扭
> 秤，在南京附近及自流井均曾作测量工作。闻广东建设厅亦有一具，其工
> 作不详，此外资源委员会于去年购置一具最新式的，交作者试用中。[2]

李善邦在文中提到，资源委员会新买的最新式扭秤，交给他试用。从
这篇论文可知，这次水口山之行的主要目的不是探测，而是试用扭秤，了解

① 李善邦1937年日记，私人收藏。
② 李善邦，扭秤探测方法大意，地质论评，第三卷，1938，601—610页。

扭秤探测的方法。

从水口山回来以后的1937年6月26日，清华大学物理系刚刚毕业的秦馨菱先生来到了地质调查所。秦先生写道：

> 1937年6月26日我自清华大学物理系毕业后，次日即往北平兵马司胡同9号地质调查所报道。先见到李善邦，略谈数句后李即带我去见谢家荣。
>
> 到地质调查所报到之后，次日即去鹫峰地震台工作。事先曾和李善邦先生约好，他从北平城内出发，乘人力车去颐和园、我则从清华乘人力车也到颐和园会齐；然后换骑毛驴经温泉及北安河村到鹫峰山坡上的鹫峰地震台（那时只有这种交通工具）……台上藏有不少地震及地球物理方面的书籍，工作所做多是以前未接触过的新东西；除此，还有外文的动植、矿物书可供业余学习、还有三寸口径的天文望远镜可供业余观测……
>
> ……当时，台上没有交流电，晚上得点煤油灯。仪器照相记录是用蓄电池点燃记录灯泡。每月将蓄电池用毛驴驮到清华大学物理系请他们代为充电。到1936年鹫峰台上才有了交流电。[①]

本以为秦馨菱先生到鹫峰地震台以后，大家可以大干一场，可事与愿违，1937年7月7日日本侵略军挑起了卢沟桥事变，抗日战争全面爆发。这段时间，李善邦先生有几篇非常简短的日记：

> 七月三日
>
> 由鹫峰回平

---

① 秦馨菱，地质调查所及鹫峰地震台回忆片段，地震地磁观测与研究，1989 Vol.10 No.3。

图4-50　李善邦1937年日记

（私人收藏）

七月七日

卢沟桥事变


七月八日

闻日兵死伤甚多

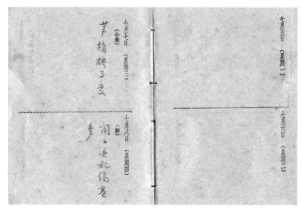

图4-51　李善邦1937年日记

（私人收藏）

七月十一日

夜间炮轰

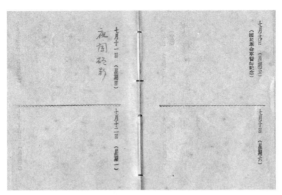

图4-52　李善邦1937年日记

（私人收藏）

七月十五日

由北平出走，在天津候车半日，午后八时换津浦车南下，秦君同行。

七月十六日

宿于下关 ①

图4-53　李善邦1937年日记

（私人收藏）

苦心经营了7年的鹫峰地震台被迫停止工作，李善邦先生携妻儿与秦馨菱先生一起南下南京，中国现代地震研究事业的一个全新时期也从此开始了。

① 李善邦1937年日记，私人收藏。

# 五　霓式1943

由翁文灏先生开疆的中国地震科学研究事业，从1920年海原大地震中艰难起步。1930年鹫峰地震台建立，地震台在李善邦先生的主持下经过七年的苦心经营，做出了不小的成绩，鹫峰地震台步入世界一流地震台的行列。可是，1937年七七事变的爆发，让刚刚起步七年的中国地震观测事业戛然而止。但中国的地震科学研究事业没有停止，而是在更加艰难的情况下继续前行。

1932年，装置完成后（指加利清–卫立蒲照相地震仪），观测结果良好，记录多而准确，鹫峰地震台遂一跃而成世界第一流的地震观测台。经过数年的惨淡经营，一切从无到有，添置了许多图书仪器，方期以此为基地，逐渐扩大研究，不料1937年七七事变爆发，鹫峰地震台随之灭亡。可惜一番努力，尽付东流。

卢沟桥战事扩大很快，不久北平沦陷，鹫峰地震台仪器正在记录山东菏泽大地震时，"寿终正寝"；计自1930年冬有记录以来，共收录地震为2472次。当时我正在城里办公室有事，事态发展很快到了郊区，旋即与台上失却联系，地震记录图及其他一切，均留在台上。当我仓惶逃离北平时，已是妙手空空，一无所有了。后来知道，敌人终于未能占领鹫峰，相持于温泉一带，据说由于鹫峰地震台建筑坚固，曾一度为游击战指挥所，荣莫大焉。①

李先生所说"鹫峰地震台遂一跃而成世界第一流的地震观测台"，他不是在说大话，吹牛。从前面我们读到的李先生日记和日本、美国报纸的报道可以看出，那时年轻的中国地震研究事业确实已经在全世界产生了广泛的影响。从鹫峰地震台建立到七七事变停止工作，一共编制出版了76期《鹫峰地震专报》。这些地震专报给当时世界地震科学带来的作用和影响，从李先生先生的记事本里这样写道：

> 鹫峰地震报告，遂为各国研究者所重视，环近我国之北及西北国境、苏联设有不少头等地震观测台，亦开始与我交换报告。在此期间，观测记录尚不多，所注意者，仅个别地震研究而已。其中研究比较深入的问题为中亚细亚深层地震一题。②

另外在美国记事中：

> 随后离登瓦过密西西比河，到圣路易斯，找Macelwane（迈克尔温），他是St. louis（圣路易斯）大学地球物理系主任，这里有地震研究机构从事地震观测，研究者是美国四个地震研究中心之一，叫J. S. A.，其属下有一组地震台网，出刊综合性的报告。早年的深震时距曲线的作者Brunder（布兰德）即在此。他极赞扬我们的鹫峰地震报告，说对他很有用。颇觉惭愧。③

但一切都被战争毁灭了，李先生回忆到：

---

① 李善邦著，中国地震，北京：地震出版社，1981，3页。
② 李善邦记事本，私人收藏。
③ 李善邦记事本，私人收藏。

　　事变时适因三子强荣出世，全家住在城里。郊外交通被阻隔，再三想回山收拾而不可得，而情势日益恶劣，只得留话给助理员贾连亨，因他是本地人，可以应付紧急，我则率家人仓惶逃出北平。[①]

　　贾连亨先生收到李先生的口信，冒死把鹫峰地震台可以拆卸的加利清-卫立蒲照相地震仪，运往清华大学物理系，无法拆卸的维歇尔地震仪只好留在了山上。据说在战争中，维歇尔地震仪上一些配件被游击队融化以后造了子弹，为抗日做出了贡献。

　　仓惶离开北平后，李善邦带着家人与秦馨菱先生坐上了南行的火车：

　　二十六年（1937年）余全家住在北平丰盛胡同，强荣出世才月余，七七事变时余在城内，初以为小冲突，后见情势不对，乃与秦馨菱率全家于七月十五日离平，尚购得二等卧车箱。惟已日本装饰矣。一家独占一间。旋有二日人来，形似浪人，但尚尊规矩，问允而入。至天津车站时，满是日军，已被日军占领。火车上载着甚多大炮，日军人雄赳赳不可一世。在此等候甚久，始得换车南下。愈南行登车者愈多，车中走廊为之挤满。抵京（南京）后，见气象仍然太平，即迁入前已租定之珠江路旁之楼房……。[②]

　　就这样李善邦一家及秦馨菱先生于1937年7月17日来到南京。刚到南京时，一切还比较太平，可太平日子过了不到一个月，淞沪会战爆发，苦日子开始了：

　　自后风云日紧，于八月十三日沪战起，十五日敌机开始轰炸南京，

---

① 李善邦，六十生辰回忆，地震地磁观测与研究，1989年06期。
② 李善邦记事本，私人收藏。

家人十分恐惧，因余屋后住于小营之旁，屋后架设高射炮，声震屋瓦，小妹（二女儿）频叫"不要打了！"当晚不敢在寓住宿，迁于庆瑄家（亲戚或者广东老乡）中。[①]

关于在南京的这段恐怖生活，在李先生1937年的日记本里，从8月15日到10月5日的日记上，一共记录了28次日本飞机的轰炸。我们来读其中两天的日记：

九月二十日
敌机五十二架来袭，入城者十数架，城中被炸数处，被击落七架。

九月廿五日
共来敌机九十六架。
上午九时敌来袭，在调查所上空被高射炮击中，碎片落于所内空地，同仁捡得甚乐。下午敌机又来袭两次，炸弹均以调查所为目标，均落附近……落弹十余枚，军用无线台被炸，所西河中落四枚，调查所只碎玻璃一方。[②]

如此恐怖的生活，家人怎能经受得起？李善邦决定，把家人送回战火暂时烧不到的广东老家（事实证明，战火确实没有烧到粤东北客家丘陵），自己则与地质调查所共存亡！

就在96架敌机轰炸南京的1937年9月25日，李先生把家人送上了去武汉的轮船。夫人罗海昭带着他们的四个孩子从南京坐船到武汉，再从武汉转乘粤汉铁路的火车，回广东老家（10月9日李善邦收到夫人安全到家的来

① 李善邦记事本，私人收藏。
② 李善邦1937年日记，私人收藏。

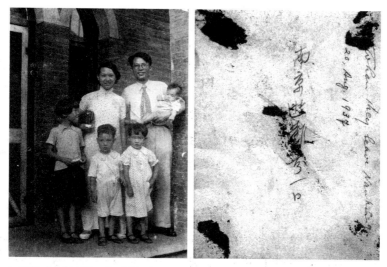

图5-1 "1937，8，20 When they leave Nanking,"家人将要离开南京

信)。家人安排好以后,李善邦先生和秦馨菱先生出发了,他们要再赴湖南
水口山:

> 家人返粤后,余不久即偕馨菱再赴水口山探矿。[1]

关于这段经历,秦馨菱先生有更详细的叙述:

> 抗日战争爆发后,地震台损失了,就只好专作物理探矿了。我们
> 于1937年10月26日乘船离南京先到汉口;又从武昌乘火车到长沙,去
> 湖南地质调查所中取出从南京运来存放在那里的仪器用品;又乘火车
> 到衡阳再沿湘江而上到水口山铅锌矿。那是一个较有名的矿,已开采
> 了多年,所开采的方铅矿和闪锌矿供国内冶炼及出口,而伴生的黄铁
> 矿一时没什么用,就用来铺马路、铺地。有个约六七个篮球场大小的

---

[1] 李善邦记事本,私人收藏。

操场，就是用黄铁矿铺成的。这矿
有1个矿场，已开空了八九个了，
我们的任务就是用扭秤测量重力梯
度来探寻旁边是否还有其他矿体。
扭秤在外国多是用来在平地上探寻
储油构造。那时我国还没有这种任
务，我们就先用它来在丘陵地带作
探测金属矿的试验。[①]

从秦先生这段回忆可知，秦先生
当时似乎并不知道1937年初春李善邦
先生已经来过水口山。关于这次扭秤探
测之旅，李善邦的日记只有很简单的记
录，我们来读几段：

图5-2　湖南水口山地质考察
（私人收藏）

十月十五日
到下关买船票。

十月廿七日
抵山。

十月廿八日
看在虎崖〇新冲面。

---

十月廿九日

清水塘到龙王山。

十月三十日

由新冲至龙王山。

十一月一日

Sketch 校正仪器。

十一月二日

校正扭秤。做101。

十一月三日

做102。

十一月六日

下午离山，天雨未能换sfn，测101地形。

十一月七日

天雨上午在家计算，下午换至107。

十一月十七日

AM 117 Top. 111

PM 118

地勘测量，天雨停。

十一月廿八日

She 138

Tops 132，133，134[1]

日记本中简单的记录到 1937 年 11 月 28 日就停止了。根据其他记录，这次扭秤探测之旅延续到第二年，也就是 1938 年 8 月。

李善邦和秦馨菱先生这次水口山扭秤探测之旅的结果——《湖南水口山铅锌矿区试用扭秤方法探测结果》发表在 1941 年 2 月《地球物理专刊》创刊号上。

而李先生关于这次水口山之行的一段"记事"，则预示着苦日子来临了：

工作至二十七年（1938 年）夏，即得黄汲清自长沙来电，其时地质调查所已迁长沙，自南京失陷，战事渐近武汉，调查所不得不再向西迁，电报嘱余设法赴渝。得讯后即收拾行装至衡阳候车（其时湘桂铁路未通车），此时班车开行已无空时，设法租借湘桂铁路工程处的汽车，赶赴桂林。抵桂林后得悉地质调查所已迁在环湖路，遇李仲揆（李四光）先生谈数次，适方俊（1904—1998 年，中国著名大地测量学家、地球物理学家、地图学家。1930 年进入地质调查所，是李善邦先生的同事。1937 年赴德国留学，此时从德国回国）亦携眷在桂林候车，彼新从德国返，相见甚欢。遂同行至柳州，在柳州候车，在车站见着贾连亨，彼亦从北平来到，询问北平情况，知一时无恢复和平希望。在旅店中又遇胡刚复先生，彼为浙大觅迁地于内地。不久购得汽车票。路上得贾连亨帮忙一切，经贵阳转重庆。一路尚不觉其苦。因当时秩序尚好，社会组织尚完整，不像前方逃难之纷乱也。不意在重庆一住九年[2]。尝尽人生苦味，贫病交加，事业文章，耽误殆尽，其命无乎！[3]

---

① 李善邦 1937 年日记，私人收藏。

② 跨 9 个年份，共住了 8 年。

③ 李善邦记事本，私人收藏。

　　苦日子从此开始。那么，在重庆尝尽人生苦味，贫病交加，真的是事业文章，耽误殆尽吗？尽管可能真的是尝尽了人生苦味，贫病交加，但是事业文章却并没有耽误。李善邦前后在重庆八年（1938—1946年），他忙了八年。

**图5-3　建在重庆北碚嘉陵江边的地质调查所**
（李约瑟先生摄，全国地质资料馆提供）

　　1938年冬天，一场既有与家人别后重逢的欢乐，却又充满各种惊悚情节的旅行开始了：

　　二十七年（1938年）冬由湖南水口山转到重庆后，当即奉命赴香港洽取地磁仪器。借此机会电促海昭（李善邦夫人）来港相会，一起来渝。在香港居住匝月。余在九龙新新酒店，海昭与儿辈住在岳母处。亦在九龙。此时香港正是黄金时代，金粉繁华，极一时之盛。余与家人，小别重逢，欢快异常……适廿八年（1939年）一月末，取得仪器后，即率家人取道海防（越南海港城市）回重庆。余事先由严〇光介绍，取得昆明法领事馆之介绍信，到海防登岸时，未受检查麻烦。其无此方便者，多蒙损失……次日乘火车赴昆明。此路火车为前所乘遇中，最劣者。行李自理（如若交运，常被偷盗），由旅馆茶房置于座前。开车后有铁路之人携秤来称，如遇限量须缴款。车中无餐膳，半途有担贩，上车卖食，有火腿饭或粉，为旅客充饥。安南人类似华人，而较小，爱嚼槟榔，以致牙齿全黑，唇亦发紫。至中法[1]交界处，有中国海关来查。余不知旅行中应采取些策略，老老实实，将所带仪器循例板开，哪知到昆明后甚为麻烦，不报者反而无事。火车共走三日，夜宿昼行。抵达昆明候车甚久。因带仪器多，一心想直达重庆之车辆，较为方便，事实上这是失策。最后找到由昆明开重庆的货车，一家分散于各车之车前座位，初尝旅行之苦。

第一夜便未赶到正式宿站，余携冀荣（大儿子）先到，久等海昭等不至，往来寻觅，时值雨后泥泞，不胜狼狈。第二夜至盘○，更狼狈不堪。车上司机俨然高于吾人等，处处须听其指挥，态度甚粗野。第三夜竟与海昭等中途失落。余与冀荣宿于前，海昭等落于后，念念之至，一夜未曾将睡。至翌日午刻后车方赶上。抵贵阳适为农历除夕，大雨之后，停车场积水没胫。余先下，觅一洋车，始得接出海昭。而小妹所乘之车，竟在安顺抛锚，只得停之。行至远东饭店，又无房间，致电告尉民来一叙，不果，不得已求店老板设法允将洗澡房收拾后作为余等寝室。行装卸后，设法吃夜饭。因遇过年闭市，夜间无从觅食，而儿辈甚饥。乃携碗器沿街寻觅，遇一担卖面者，购得数碗面条回来，色黑而味恶，平时绝不能下咽，此时食之甚觉有味。

所最难堪者为全家人无论大小，皆一身虱子，痒得难忍，趁澡堂炉火未熄，各脱得光光，大肆搜捕，每人身上均捕得数十个，待捉干净后，方铺床安歇。一夜懊恨丢了小妹，幸翌日安全回来。居贵阳数日，复乘原车前行，领队更换，比较善于管理，行车较有规则，二十八年（1939年）二月初旬，抵北碚。[2]

经过半个多月惊悚旅行，李善邦带着家人还有地磁仪器，终于安全抵

---

[1] 即中越边境，当时越南是法国殖民地。

[2] 李善邦记事本，私人收藏。

达了。可孩子们抬头一看，他们却站在一个陌生的地方——重庆北碚，然后一住就是8年。这8年李善邦以及他们一家人是如何度过的呢？

> 二十八年（1939年）二月，初抵北碚，方俊（方俊从德国学习重力测量留学回来后，便来到地质调查所地震研究室，从事地球物理方面的工作）已为余租定鱼塘湾何家院子，为住所。乡村房屋，离市遥远，甚觉不便。五月间梓材（李善邦夫人的大哥）曾来看余等，适逢天雨，在寓住宿一夜。其时重庆物价尚低，米仅一元八角一大斗（合三市斗），肉仅二角一斤，蔬菜更廉。北碚原是三县交界，三不管的小镇，当时相当冷落，仅有少数逃难者集居，川人称为"下江人"，物价低廉，生活当称舒服。但国难当头，战争不知何时了结，心情十分散漫。终日白天不能读书研究，亦因书物仪器全失，不知从何下手。[①]

花了7年时间在鹫峰建立的一切尽失，妙手空空的李善邦一家人来到一个举目无亲的陌生地方，他陷入了彷徨。不过国难当头，前方将士正在浴血奋战，李善邦怎能无所事事？这段时期李先生在做些什么，从几篇日记可以看到：

> 28年（1939年）3月24日
>
> 由渝乘船经沙坪坝赴北碚，计大箱一个、竹篓一个、机油一桶、铜铁一匦共十二梗，另铜皮一块、铁皮筒一个、铁条一卷、测量仪器二具、平板一个，三脚架一个、铺盖一卷、小皮箱一个、手提皮包一个。帆布旅行袋一个，内装鞋三双帽一顶、砂锅一个，另锯条等一包、油壶一个。
>
> （机油、铜铁、铜皮、铁皮、铁条、测量仪器、三脚架，感觉李善邦是个修理部的师傅）

---

① 李善邦记事本，私人收藏。

本日到中央大学上课（到北碚后李善邦在重庆中央大学兼任地球物理学教授）……。

28年（1939年）3月27日

昨日乘汽车来北碚，小孩儿均要出麻子（应该是麻疹）。

与黄（汲清）所长商本年度工作。

28年（1939年）3月30日

报香港取仪器账，取仪器账共一千五百零八元四角六分。余个人共费约九百五十元。

拟到綦江做磁秤测量。

28年（1939年）4月8日

广阳还一百元，做帐子两顶共二十元。

约仲辰来渝吃饭，并借用其照相机。

28年（1939年）4月9日

渡河宿〇早赴綦江，带罗弈生同去。

28年（1939年）4月11日

早五时，叫罗等购票。八时半开车，车行不远，司机不慎，与路旁停车相撞，前座客微伤，余碰眼角甚痛，幸未出血，亦万幸矣。抵綦江十一时半。

28年（1939年）4月12日

雇轿并一挑，六时半动身，十一时抵綦江矿区办事处。允招待住宿。下午与李君踏勘矿区。

天晴行路甚汗热。

夜雨颇急。

28年（1939年）4月13日

早刷图，备旗杆，借测量仪及调整仪器。午饭后沿新开轻便铁路，试做十八点，变化甚微，每点距离三十三步——二十五公尺。路大致顺岩层走向。

夜雨颇急。

28年（1939年）4月27日

本日午饭后，动身回所。[①]

从这些日记可以看到，终日白天不能读书研究、书籍仪器全失、妙手空空、一无所有、不知从何下手的李善邦，一天都没有闲着。李善邦自1939年2月在北碚住下以后，3月24日就跑到重庆中央大学去讲课，回来时把一堆机油、铜铁、铜皮、铁皮、铁条、测量仪器、三脚架运到北碚。3月30号给家里做了两顶蚊帐，然后在4月9日出发，4月12日他已经出现在距离北碚几十千米以外的綦江铁矿。去綦江干啥？就是用他千辛万苦从香港运回来的磁秤，做磁秤测量试验去了！

扭秤和磁秤都属于地球物理学的勘探仪器。李善邦两次去水口山使用的扭秤，是利用地球的重力场进行勘探的一种仪器。而磁秤则是利用地球的磁场进行勘探的仪器。19世纪末到20世纪初，这两项源于地球物理学的物理勘探技术得到迅速发展。19世纪末，匈牙利科学家厄缶改进了扭秤，从20世纪初开始用于勘探，20世纪初（1915年）德国科学家施密特发明了磁秤。李善邦先生1934—1936年在美国和德国，不但学习了扭秤，还学习了

---

① 李善邦1938—1944年日记，私人收藏。

磁秤探测技术。所以他学习和使用的是当时世界上最先进的地球物理勘探理论和技术。这次去綦江铁矿做磁秤试验，是中国人将磁力探矿用于实际勘探较早的试验之一。

图5-4　风餐露宿，右为李善邦

(私人收藏)

从上述日记可以看到，李善邦在綦江铁矿进行了20天左右的磁秤探测，于1939年4月27日回到北碚。

回来以后，李先生对綦江铁矿的试验资料做出分析研究后，于6月4日派秦馨菱先生再赴綦江做进一步的试验，直到1939年12月22日秦馨菱先生回到北碚。秦馨菱先生后来回忆道：

> 李善邦自己先带一架磁秤到四川省南边之綦江铁矿试验其性能，然后于1939年9月2日（第二次世界大战爆发之日）秦带着两架磁秤往綦江铁矿做探测工作。该矿是水成的赤铁矿，因抗战需要钢铁，这个矿很受国家重视并大力开采……秦之任务是把东矿体之边界测出。从9月份一直工作到年底……①

---

① 中国地震局编，中国早期地震台历史地震图鉴：第三卷 秦馨菱回忆，北京：地震出版社，2005，204页。

这次綦江之行，秦先生回忆的时间和李先生日记的时间不太一样，秦先生的回忆是1939年9月赴綦江，李先生的日记是6月4日。秦先生是几十年以后凭记忆写的，李先生是当时记的日记，所以李先生的时间应该是准确的。

28年（1939年）6月4日

馨菱本日赴綦江。

携菜回家，遇翁先生于途。

秦先生去了綦江以后，李善邦自己则抽空买了菜，回家照顾妻儿，因为还有一家人需要他。半路遇见翁文灏先生。

秦馨菱先生在綦江工作了5个月以后的11月，李善邦再赴綦江麻柳滩：

28年（1939年）11月9日

再度赴麻柳滩……派人定车票，须十二日方能动身。

28年（1939年）11月12日

八时半开车，至綦江未饭即赴"黄鱼"车到东溪，见侯主任，即侯德封之兄，谈话中间觉此人是一干事之人……

28年（1939年）11月13日

早雇轿上山……十二点抵麻柳滩。饭后与秦君查看东露头。

28年（1939年）11月19日

事毕由麻柳滩矿场到东溪，候黄鱼不得，派数小孩儿包亦不得，而军车皆不许搭乘，距綦江不过五十千米，竟坐候半日毫无办法，行路难。

28年（1939年）12月22日

秦馨菱回抵所。[①]

这次赴綦江铁矿进行的磁秤试验，从1939年4月11日开始，到1939年12月22日秦馨菱先生从綦江回到北碚结束。历时8个月的磁秤试验工作，最后的结果是李善邦和秦馨菱联名发表《试用磁秤探测四川綦江麻柳滩铁矿报告》。

从1938年到1941年，李善邦自己或与秦馨菱联名发表了三篇论文，即：

1938年6月李善邦发表了《扭秤探测方法大意》：

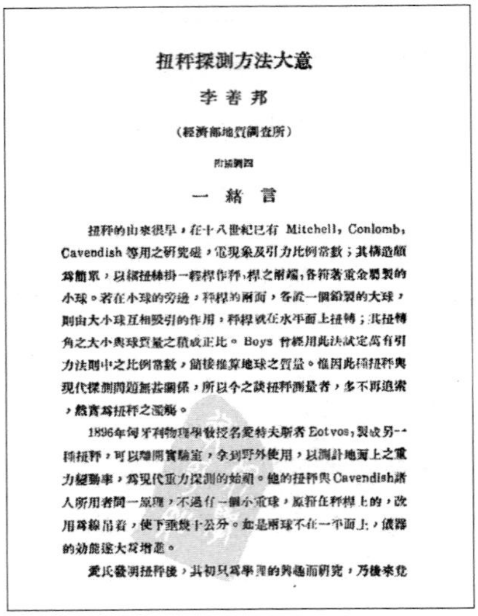

扭秤探測方法大意

李善邦

（經濟部地質調查所）

附插圖四

一 緒言

扭秤的由來很早，在十八世紀已有 Mitchell, Conlomb, Cavendish 等用之研究磁，電現象及引力比例常數；其構造頗為簡單，以細扭絲掛一輕桿作秤，桿之兩端，各附著重金屬製的小球。若在小球的旁邊，秤桿的兩面，各設一個鉛製的大球，則由大小球互相吸引的作用，秤桿就在水平面上扭轉；其扭轉角之大小與球質量之積成正比。Boys 曾經用此法試定萬有引力法則中之比例常數，繼續推算地球之質量。惟因此種扭秤與現代探測問題無甚關係，所以今之談扭秤測量者，多不再追索，然實為扭秤之濫觴。

1896年匈牙利物理學教授名愛特夫斯者 Eotvos，製成另一種扭秤，可以離開實驗室，拿到野外使用，以測計地面上之重力變動率，為現代重力探測的始祖。他的扭秤與Cavendish諸人所用者同一原理，不過有一個小重球，原附在秤桿上的，改用為線吊着，使下垂幾十公分。如是兩球不在一平面上，儀器的効能遂大為增進。

愛氏發明扭秤後，其初只為學理的興趣而研究，乃後來覺

图5-5 《地质论评》Vol.3 No.6 1938，3

（私人收藏）

1940年8月李善邦、秦馨菱发表了《试用磁秤探测四川綦江麻柳滩铁矿报告》。

① 李善邦1938—1944年日记，私人收藏。

图5-6 中国西部科学院地质丛刊，No.3，1940，8

（全国地质资料馆提供）

1941年2月李善邦、秦馨菱在《地球物理专刊》发表《湖南水口山铅锌矿区试用扭秤方法探测结果》。

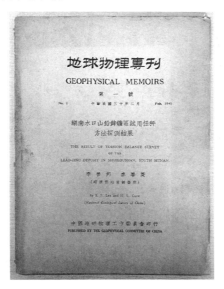

图5-7 《地球物理专刊》Vol.1，No.1，1941

（私人收藏）

这三篇论文应该是中国科学家利用扭秤、磁秤，也就是利用地球的重力场和磁场进行地球物理探矿试验较早的三篇论文。

通常，两年多的时间发表三篇论文，不算什么。可这三篇论文却是在日本侵略者的轰炸机狂轰滥炸的北碚完成的，其中经历的困难和艰险就可想而知了。

轰炸有多可怕，我们可以从李先生的日记中体会到。就在前面讲到的1939年4月27日，李善邦从綦江铁矿回到北碚以后没几天，5月4日他从北碚去重庆，就遇上了日本轰炸机的大轰炸。他这次去重庆是要去重庆中央大学授课。关于这次轰炸，李善邦这样写道：

> 28年（1939年）5月4日
>
> 下午由北碚赴渝，拟明日到中央大学上课。抵两路口东站，人说有警报。盖昨午太平门一带被炸，死伤甚惨，沿街走至小梁子药之店口，行人已甚惊惶，拟入内一避，被拒。乃急至地质调查所重庆办事处，遂仲辰在彼候我。不久敌机已来至头顶，余等即避入桌下，一时轰炸声甚为可怕，一巨石飞来，打毁房子半间。离余桌上几尺，初以为是炸弹未爆发，甚惧。出来见四处起火，急与仲辰负磁秤逃走。街上甚乱，沿江直走至曾家岩气象研究所。到时九点钟矣。腹饥，稍吃又洗澡而寝。
>
> 夜二时又来警报，未见飞机。[①]

这是李先生在1939年5月4日记下的轰炸情形。也许这次遭遇太可怕、太难忘了，李先生在他的记事本里，又记录了一次轰炸的详细情况：

> 重庆于五月三四两日首次遭敌大轰炸。因居民当无经验，损伤甚

---

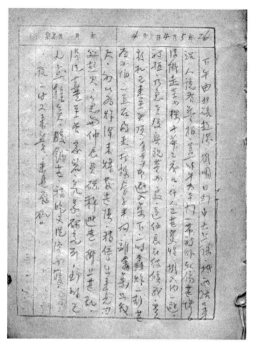

图5-8　1939年5月4日日记

（私人收藏）

大。其时余在中大兼课，适于是日赴渝，不幸躬逢其盛。当飞机轰炸时，余与黄仲辰及其他数人在地质调查所重庆办事处急避于制图桌下。有巨石从小梁子飞来，落于不及一丈之地。初疑是炸弹，不胜恐惧，敌机走后，人说四面着火，仓惶与仲辰连夜沿江走三十余里，至曾家岩气象所歇息。翌日复入城至办事处取书，沿途见烧毁之店铺甚多。无数被烧死者……河边陈尸无数，惨不忍睹。路上难民无数，皆是向乡间疏散者，扶老携幼，多是下江人士（即抗战开始后撤到重庆的外地人）。途中有二善心人设粥摊，私人汽车亦自动搭载难民中之妇孺。经此一次，重庆机关学校，乃大向四乡疏散。青木关、北碚等地，逐渐繁荣，最后北碚竟有小上海之称。

从此一连四载（1939—1943年），每值晴日，不断警报，尤其卅一年（1942年）为最甚，每日警报数次。即夜间月色佳时，亦有空袭……
自二十八年（1939年）秋，余从何家院迁居于刘家院山坡上自建之三间
竹皮房子，离防空洞约有二英里，每有警报，必先挂红旗，余即收拾
办公用要物，纳入小木箱，令人携入所旁小防空洞，快步回家中携儿
女，负凳提篮，至对面山岗下防空洞避难。[①]

1937年7月李善邦先生在南京住了不到两个月的时间，他在日记里记
下28次轰炸，这次在重庆北碚住了七八年，日记里记下的轰炸就更多了。
因为刚到北碚时的住处鱼塘湾何家院距离防空洞比较远，为了家人的安全，
1939年7月15日李善邦把家搬到距离防空洞较近的刘家院山坡上自建的竹
皮房内。

没想到搬到刘家院山坡上自建的竹皮房以后，李先生全家又遇上一次
更加恐怖的情况，这次差一点全家丧命。由于日本飞机有时是路过北碚，不
是每次都会扔炸弹。有一天因为天气非常炎热，警报响了以后，大家觉得这
次可能是路过，于是没有逃去防空洞，可没想到这次大意，差点致"余全家
成炉粉矣"。先看日记：

> 29年（1940年）6月24日
>
> 敌机又炸北碚，余与家人因怕热，未逃，弹落处仅离家门二三丈，
> 死五六人。余家之不死真属幸运。所中余之办公室旁落大炸弹，门窗
> 均震塌。旁中央工业试验所全部被炸，街市烧去三分之一。江苏医学
> 院附属医院亦被炸。[②]

再看记事本：

---

① 李善邦记事本，私人收藏。
② 李善邦1938—1944年日记，私人收藏。

　　（接上：至对面山岗下防空洞避难）独有一次未避，便遭遇到轰炸北碚最惨之一次。当炸弹与燃烧弹纷纷落下时，余等皆窜入床下。一弹落于距余住宅仅二三丈之地，弹由屋脊飞过，若早十分之一秒拨机放弹，余全家成炉粉矣。幸弹落处有三尺高之坎，余宅在上，仅风震门窗尽脱。余出门急拖地下之门窗，仓惶撑住，率家人狼狈而逃，尚见四面包谷地中燃烧弹正烧着大火，一时颇昏聩。适至防空洞时，传报所地附近亦落弹，办公室被炸，即又弃家人奔回，幸未正中，见旁边工业试验所正着火燃烧，因救未得法，以致全毁。中有清华大学之善本书及一部仪器杂志，即于此次烧毁。[①]

　　除了日本轰炸机的狂轰滥炸，北碚的生活也越来越艰难，物价不断上涨，李先生的文章都是在这样的苦日子里做出来的：

　　　二十九年（1940年）后，物价日长，生活日趋于艰苦。余以一身兼营炊缝、泥水、木匠、无所不及。[②]

图5-9　1940年小女儿出生

（私人收藏）

---

① 李善邦记事本，私人收藏。
② 李善邦1938—1944年日记，私人收藏。

下面再抄录几段李先生的日记，看看他是如何躲警报、如何炊缝、泥水、木匠兼营一身，却又不忘写文章的：

29年（1940年）5月27日

敌机三十架轰炸，复旦大学被炸，教务长孙君死外，死伤学生三十多人。市工商局被炸，死一人，厚德福（可能是饭馆）被炸，亦死一人。

29年（1940年）8月7日

綦江磁测报告于本日完全完成。

云南石屏地震由所中发信五十一封，调查已于前数日发出。

整理廿六年（1937年）山东菏泽地震概况，本日始。

29年（1940年）8月25日

米价飞涨至二十五元一斗（1939年2月刚到北碚时是一元八角一大斗），只一二日间涨上七八元。殊可惊也。下午与海（夫人）上街购米，只买得两斗回来救急。亦云惨矣。

29年（1940年）8月26日

方（俊）秦（馨菱）报告威亭测探结果，会后余出购米，最坏者平价二十元。买两斗回来，钱不够，向人借五元。

29年（1940年）8月29日

始作地球物理探矿手册，磁性测探篇。家中工作。

29年（1940年）8月31日

将菏泽地震报告暂停，先作正式图样，制造探索用地震仪。

29 年（1940 年）9 月 13 日

昨夜敌机夜袭，不知何处被炸。

所中生活感觉困难者闻，可向所要求米贴。

菏泽地震述要本日完。

29 年（1940 年）11 月 19 日

水口山报告初稿阅后，本日送排版，约下星期一二校。翁文波（翁文波 1936 年离开鹫峰地震台赴英国留学，1939 年获得博士学位，旋即回国，时任重庆中央大学物理教授）于星期日同来，提组织地球物理学会，并交一篇文章作为会刊（1941 年 2 月《地球物理专刊》第一期刊发了李善邦、秦馨菱先生的水口山报告）。①

以上几篇日记，记录了李善邦先生如何躲警报、如何炊缝、泥水、木匠兼营一身，艰难却又是丰富多彩的工作和生活。李善邦就是在这样的情况下，在两年的时间里发表了《扭秤探测方法大意》《试用磁秤探测四川綦江麻柳滩铁矿报告》《湖南水口山铅锌矿区试用扭秤方法探测结果》三篇论文。

1939 年底綦江的磁秤试验完成，一年以后的 1940 年 11 月底，李善邦和秦馨菱先生又出发了，这次他们去哪里呢？去西康。西康是当时中国一个行省，是现在四川西南部与云南、西藏交界的地区。这次他们去做什么呢？对于这次探矿秦馨菱先生也有一篇回忆文章《探测攀枝花钛铁矿》：

1940 年 12 月跟随李善邦先生从重庆出发，乘汽车经贵阳到昆明，从昆明往北就没有公路了……我们找到一个马帮，向他们租了三匹马，一匹驮仪器（磁秤等），李善邦和我各骑一匹……我们从昆明经禄劝、

---

① 李善邦 1938—1944 年日记，私人收藏。

元谋，过金沙江至会理……在会理城内度过了1941年的元旦……到春节临近，除夕才工作完毕……后骑马到西昌、泸沽磁铁矿……攀枝花……回到重庆北碚已是夏天了。①

图5-10　地质考察中的李善邦

（私人收藏）

　　关于这七八个月的地质考察，李善邦在1939年开始的日记中，有比较详细的记录，下面就让李善邦先生带着我们身临其境，和他一起历尽千辛探险、探矿：

29年（1940年）12月2日

　　三十日（11月30日）九点多钟方开车，车甚破烂，惟司机颇能干。下午二时抵綦江。因须换车，即住。夜购广柑四十枚（四元）备送彝民。一日开车发火甚难，因烧酒精之故，至观音堂，因车站无油，候救急车数小时，至松坎已黑夜。二日由松坎于七时半出发，过桐梓换司机，抵遵义，约下午二时，到浙大访竺（可桢）先生（竺可桢先生1939年率浙江大学师生迁往贵州遵义等地，一直到1946年抗战胜利回

① 秦馨菱，探测攀枝花钛铁矿，地震地磁观测与研究，1989 Vol.10 No.3。

杭州），又访黄秉维（1913—2000年，我国著名地理学家，当时在浙大任副教授）等，在黄处吃饭，薄醉回寓，谈甚畅。

29年（1940年）12月3日

由遵义至乌江，上午十时到。乌江原是油站，因缺油停车数十辆，多已候至月余者。惟客车则维持。十一时有油车来，十二时半即开行。乌江架有浮桥，较前方便，车多小毛病，入夜始达贵阳。车站宪兵严查吾人之行李、护照等毫无用处。至远东搬物上楼时，发现失去盛磁针及线之小皮箱。一时非常忧虑。当即由电话找蔚民，并告旅馆负责严查，约半小时在一茶房之床底寻获。该茶房当被痛殴，再捆送公安局，亦云幸矣。是晚晚饭本甚饿，因受此戟刺，吃甚少。

29年（1940年）12月5日

昨将仪器各重要物件送至蔚民处，天气甚好，饭后始回。已代订六日之车。昨夜旅馆甚喧闹不能安睡，本日下雨（已从昨晚始），早购得票后，即搬出车站旁江安旅馆，下午三时将行李仪器交站，赴蔚民约晚饭。

鞋上加钉七十余枚，费十三元，甚贵也。可记为抗战纪念。

29年（1940年）12月10日

本晚（指10日晚）抵昆明，六日早由贵阳出发，行至凉水井车坏，改至安顺住夜。翌日午后二时向安南开，宿于关岭场。八日午前抵安南。因无车换，遂住宿。此处有招待所为此次旅行首次享受。九日早遇二十四盘，至盘县又修车，遂不及赶至平关，宿于亦资孔乌店。十日开快车沿途尘土甚大，至下午抵（昆）明。将仪器存于物理研究所，寄宿于圆通旅社，房金比上年贵三倍。

29 年（1940 年）12 月 18 日

抵昆明于今八日，无日无警报，昆明无防空洞，闻警报皆逃避城外，城北遍地皆坟，其数目之多，面积之广，为生平所未见。此坟堆今为逃避空袭之好地，坟间尚掘有防空壕，皆政府所办，可以自由利用。若第二批敌机于一小时后达到则有第二次紧急警报。盖恐民众在野外不及提防也。

在此作两次通俗演讲，一在联大（西南联大）地质系，一在清华无线电研究所。

昆明物价多数比重庆廉。遇毕庆昌（1911—2001 年，地质学家，地质调查所同事）云，前云南石屏一带地震，R. F.[①] 九级。

会理马帮昨日到昆明，讲定每匹百二十元，明早途，今晚歇于天华栈马店。

29 年（1940 年）12 月 21 日

昆明—90—富民—70—四义树—50—驼地—70—龙海潭—80—石板桥

下午一时半至"驼地"，昆明至此二百一十里。十九（日）早由昆明出发，经大普吉下午五时抵富民。闻前路不甚安靖，不久以前有人被抢，因至县政府一询。当晚有公安即被邀参加，会常、李二君。廿日富民派兵四名护送至四义树，廿一日由四义树至禄劝，县城沿河而行，盆地颇宽，抵县城方正午，往会县长，云前途必有护送为妥，即派兵三名同行，并令各乡加派。

---

① 罗西 - 福勒烈度（Rossi-Forel intensity），陈运泰院士补注。

29年（1940年）12月29日

石板桥—50—板桥—60—江边—50—钢叙沟—80—张宜冲—40—会理

本午抵会理城，二十五日由板桥至江边，下千余米。金沙江面甚窄，离渡口不远，廿五年冬，山崩塞江三日，死人数百，痕迹犹新。二十七日抵，又上千余米，抵马哥头家，颇受款待，二十八日至张宜冲，闻有匪二百在八里之距，一时甚慌。觅当地保长派人保护，奈全村只有枪十枝，幸当夜无事。候至十一时始睡。早忙收拾，失胶鞋一个。

30年（1941年）1月3日

会理—30—鹿场—30—凤山营—小官河—15—竹子箐

本日抵竹子箐夏家，住学校。一日从会理出发，至鹿场遇姚君，云须有保护，遂留宿铜矿管理处。姚君前在中大（重庆中央大学）余地物班（是李先生在重庆中央大学地球物理班兼课的学生），有师生之谊，杀鸡款待。翌日当地联保处派二人护送至小肖河。马劣，到甚晚，宿处均为公路人员占满，由联保处设法，始获安身之处，至夏家其公子等均极帮忙。

30年（1941年）1月10日

抵山工作已一星期，已作测点七十个，工作进行颇称顺利。山中人烟稀少，购物困难，借助夏家学校，每顿饭煮苦菜一锅。另炒一碗。学赶马人之办法，中饭在山中吃，由家中先预备饭，和以青菜加水，在山坳处觅柴煮为稀饭，以充饥且可解渴，自觉得法。此后饮食虽嫌太粗少，而大便极为通畅，亦野外工作之一乐也。

30年（1941年）1月22日

本日未上山，在寓研究结果一天，使背仪器之工人赴河口赶街。

30年（1941年）1月27日

本日为旧历元旦，昨日工人已不肯上山，工作暂停，而所剩已有限，本地人烟稀疏，经济状况亦不好。况遇雨水不足，庄稼收成不好，过年极端冷清，老幼无换新衣者。

30年（1941年）2月1日

昨日山上工作完毕，寓处本财神庙，本地人照例打醮①（初一至初十）归来忙迁于堂下。无户无〇，仅是以蔽风雨。幸工作已完，不然难为矣。本日休息一天。令人觅马回会理。明早可动身，共在山上工作二十八天，作测点约三百个。

30年（1941年）2月3日

昨离竹子箐，当晚歇风山营。马有压疮，臭不堪言，肉腐之臭，恶刺甚于大便。至风山营时，急用烧酒漱口，并饮小半碗，始能忍住不呕。本日抵会理县城，仍住镒成店，尚有年休（即过年）之态，街上耍龙，毕竟与乡间不同，马以十元一站算。

30年（1941年）2月7日

会理—60—白果湾—40—摩沙手崖—30—金川桥

五日随运邮宝马队启程赴西昌。共有马三十几匹。本晚宿金川桥，沿路马店较云南为佳。主人供食，有备菜有须自备菜者。西详公路沿河走，与马路同，各段已兴工，工程颇易为。马路常被切断，人马须绕小道而行。此次所雇马，骑者尚好，驼者其劣，至此站须将东西拆零，另想办法上途。

———————————

① 打醮，是一种来自道教的、求福禳灾的法事活动，常在冬天，即农闲时举行。

30年（1941年）2月11日

金川桥—60—小高桥—40—黄水塘—60—西昌

本日抵西昌。应是昨日到，风大马乏，宿于半途经久坎。西昌县长郑君极客气，许协助一切。惜泸沽属冕宁县，亦亲送介绍信见泸沽署长，行营张主任亦极帮忙。并注意攀枝花新发见之铁矿，讲如可能请往一查。并约翌日与常厂长刘教授一谈，即知其大概。

翌日，与常刘谈后颇失望，常是空谈家，刘仅一……（字迹不清楚）

30年（1941年）2月15日

昨由西昌启程本日到泸沽，尚早找区长不在家，邓夫人（即办夷矿邓秀廷之夫人）亦赴席不在家。至找各联保主任亦不在家。一事不能办。闻矿山为彝人所居之地，非得熟人同去不可，只得在小店候见及以上诸人，再行决定。

30年（1941年）2月18日

矿山离泸沽约十五里，本日始到。在泸沽耽搁两日，真意预想不到。到山住马姓彝人之家，人颇良善，离矿山约一里，一刻钟可达。彝民赤足不洗，席地坐卧不需物垫，食住之不洁，叹观止矣。其住屋一门进去，中间设火，右为卧处，左为畜居。余等此次所占即其畜居之地，因猪小无牛马，鸡亦不多，故能分用也。

30年（1941年）2月20日

本日开始磁秤测探，昨日已将测量区域看定，测线以相距三十米设一条，测点仍取十五米距离。午餐后听矿工谭某云，山后彭家较宽大好住，因受不过马家之烟，乃派人去看，果然比马家好，下午停止工作，搬往彭家，即去年程裕淇（1912—2002年，著名地质学家，地质调查所同事，当时是地质调查所矿物岩石和经济地质研究室主任，在李善邦来之前曾来泸沽调查）所住之处。

30年（1941年）3月9日

西昌技艺专门（科）学校矿冶系学生十余人，由刘教授率领，来山作地质旅行。亦驻足彭家，于七日晚到九日早离山。走马观花，徒耗时光金钱，较前丁文江先生带北大学生旅行西山之情况有天渊之别。

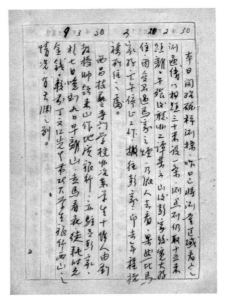

图5-11　1941年2月20日3月9日日记

（私人收藏）

30年（1941年）3月11日

昨午工作完毕，本早离山。彭家兄弟背余等物件送至泸沽。沽酒予饮，表示异常欢欣。后再赏之数元，更形笑语不得。彝人简单粗直，较汉人为优，惜政府不能设法教之为国家用。

30年（1941年）3月12日

五更起乘马行一百二十里，至下午四时许至西昌。颇觉疲劳。仍住云集店。

30 年（1941 年）3 月 14 日

受技专（国立西康技艺专科学校）之约至该校演讲。学校设于泸山之各庙，面临泸海，风景甚佳……湖光山色不减杭州之西湖也。下午四时后返寓，相距约十五里。

30 年（1941 年）3 月 15 日

在邮局收阅所中电报，责赴攀枝花查勘该处铁矿。因该地地质不明又无图可供参考，乃电请另派地质家。

30 年（1941 年）3 月 20 日

接所中电报，仍令赴攀枝花查勘。借技专刘教授之气压测高表一个。并电会理汤克成（1900—1984 年，地质学家，当时他在国立西康技艺专科学校任教）赠报告一份派人送攀枝花，余等即雇滑竿由西昌赴攀枝花。

到行辕见张主任，不似前热心，除备护照一纸外，一切均表示不能帮忙。

30 年（1941 年）3 月 22 日

本日启程赴攀枝花，共雇滑竿三乘，未及黄水塘站即歇，轿夫每十五里一吸鸦片，讨厌至极。

30 年（1941 年）3 月 29 日

本日抵攀枝花住辖地联保主任刘建章屋中。25 日中午由〇沙关离，往会理大路西行沿安宁河直至大坪地，再乘船顺金沙江而下至猡猓，然后沿白水江（即金沙江）而上至迷地再北行约五里，至攀枝花。由西昌至此共历八日，受尽了轿夫之气，发誓以后不再坐滑竿。

30 年（1941 年）4 月 16 日

本日离攀枝花赴倒马坎，步行约五里而达，住刘家店子。攀枝花铁矿共两处，一在兰家河山，一在尖包包山。二处矿石量约三四百万吨。但矿质极劣。矿生于山之高处，每日到刘家至山须两小时始达。爬坡约六百米，工作处山坡甚陡，常在 40° 以上，磁秤极难施用。因此只在有问题处用垂直向磁秤测探一二线而已，多作地面观察。各山沟无不走到，山中无路又陡且滑，常常弄破手足。工作之费力，为前此所未有。有一次崖上滑下，若非冷富达（雇佣的彝族助手）冒险来救几遭不测。又山中多狼，随处可见狼粪及睡窝，幸未遇见。

此处仍公开种烟（鸦片），吸者甚多。

30 年（1941 年）4 月 23 日

本日离倒马坎乘船至三堆子。倒马坎铁矿成因至构造与攀枝花同，储量矿可以三四百万吨，惟矿质更劣。在此工作较为便易，一因工作距离住处甚近，二因山虽陡而不高，且有路。

30 年（1941 年）4 月 26 日

由三堆子步行至会理城，本可一日到达，在三堆子由保长雇民工三人挑行李，给予大价，至昔格搭不过三十里，偷跑一〇一个，在昔格搭坚请该地保长设法，翌日中午始觅得毛驴三个。呜乎苛政猛于虎，乡间保长无一良善之徒。

三堆子至会理途中，至是烟贩，哀哉。

30 年（1941 年）5 月 2 日

在会理与汤克成、常隆庆（1904—1979 年，著名地质学家，1938

年以前和李善邦同是地质调查所的同事，1938年开始调任北碚西部科学院地质研究所任主任）叙晤。旅费不多，不够雇马，亦马实难觅，因路太坏，本日雇挑子三个（每斤一元至西昌）。步行向西昌进发，动身约半小时，雨甚急，衣屦均湿。凄风苦雨，冷不可耐，至夷门即歇，行仅五十里。

30 年（1941 年）5 月 4 日

三日由夷门至摩挲营，五十里。上半日天气尚好，下半日下雨，绕路至山巅，下时泞滑不堪。地为彝匪出没之地，颇为惊恐。幸平安渡过。四日下雨一天，即留于摩挲营未行。东西甚贵，豆腐一元勉强可煮一碗。

五日由摩挲营至永定营只二十里，路滑难行。六日由永定营过锦川桥至铁匠房渡安宁河。前半小时有枪案发生，彝匪十余人击毙老翁一人，劫去水牛四条，掳去少女一名。遇河后沿河北上，天晴甚热，至波水湾宿夜，行四十五里，还有六十余里。七日由波水湾出发，遇德昌有兵在桥边检查。出示廿四年证明书，当即放过。并谓非必欲搜鸦片，找几文钱而已。过桥宿贾鳌，路程与昨日等。八日由贾鳌出发，行经五里，风猛雨急，冷不可耐，避于破庙，约三小时始复前行。至黄连关已下午四时半，即宿于此，仅行三十里。九日由黄连关出发宿马道子，行四十里，实有七十余里。十日由马道子行十五里即达西昌。仍住云集店，前后到云集店之三次矣。（以上1941年5月2日李先生、秦先生从会理出发，因为没钱雇马，步行10天至西昌。）

30 年（1941 年）5 月 13 日

雇马四匹，本日出发返渝。在西昌接到所中信，谓寄1500元在蔚民，昨去问尚未到，乃到经济部办事处押借。幸得李先生允许，不然又多麻烦矣。尝抽空到行辕见张笃伦，以为其必欲知攀枝花情形，哪知其并不甚注意。官僚不可多会，其言行不足信也。

十四日至泸沽，遇数彭家彝人（2—3月在泸沽探矿时住过的彭家），尚能记忆，颇有友谊。十五日行九十里，夜宿相营。沿路彝人甚多。十六日过小相岭行一百里（实七十里左右），至中所坝，坝子宽大，田园甚好，并产煤。居民房舍皆有碉楼连合抵御彝匪，故彝匪不敢下山来抢。惟日落后日出前不敢在野外行走，恐被彝匪掳去也。十七日在中所坝休息。十八日中所坝出发，过隽宿宝，行百里。此一段为最危险之地，去年有二女教员，被彝匪掳去，至今未解出。十九日由宝安行八十里至平夷堡，饿极无食物可买。烘豆腐两块充饥。二十日由海棠出发至大树堡，渡大渡河，至富林，渡口前后检查鸦片三次。检查兵员以找几文零用为目的，商旅苦之。在富林休息一天。热极，旅店臭虫蚊子甚多，通宵不能安睡。二十三日，由富林行八十里至绿源宿，沿路检查卡三处。臭虫由棚上下降如滴雨，不能安睡。翌日大雨不前，遇山又停一日。二十五日过大相岭行六十里至凤仪堡，山巅云雾湿衣，且甚寒。二十六日由凤仪堡经荣经行六十里，二十七日过梯子岗，该处有匪二万余人，不时行抢，过岗时颇为惊心，行八十里至下午三时抵雅安。

在雅安住西康饭店，遇觉非，云可代觅车辆。本日为端阳节，觉非请晚饭。（余）觉身体甚不舒适，酒饭未食，陪陪而已，饭后竟昏倒，幸吐后即复原。

30年（1941年）6月4日

雅安、成都相距不过一百五十千米，在此候车八日。今早始由觉非介绍，乘某银行之卡车赴蓉（货车每日有，因满载货之后，始载客于其上，座高车坏，不敢冒险）。成都平原一望无际，新都之最大飞机场，土工即就。下午四时抵成都。仲辰觉非妻同行，住西华饭店。

……明日拟购票返碚，在蓉闻德苏有开战可能。

30 年（1941 年）6 月 12 日

　　本日由成都出发，行李用走私办法搬上车，尚作三件取票。昨晚宿内江，车中人物甚挤。本日下午三时抵青木关，因警报不能通过，待警报解除，已下午四时，即下汽车改雇洋车，洋车每辆二十四元，抵家已将九点。[①]

　　1940 年 11 月 30 日出发的西康探矿之行，到 1941 年 6 月 12 日结束，李善邦和秦馨菱两位先生终于安全回到北碚。

　　这些日记记录了李善邦和秦馨菱先生这次艰难的西康探矿之旅的各种经历。他们带着仪器于 1940 年 11 月 30 日坐着破烂的汽车离开北碚，第三天到达遵义。在遵义他们去见了暂避这里的浙江大学校长竺可桢先生，并到在浙大任教的地理学家黄秉维先生家吃饭。然后过乌江，经贵阳到昆明，从昆明雇马帮到会理。1941 年 1 月初到竹子箐开始磁秤探测工作。在竹子箐、泸沽

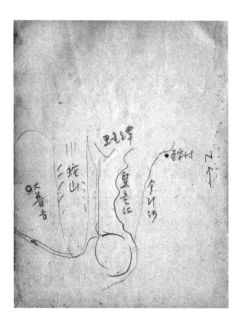

图 5-12　画在日记本中的地图
（私人收藏）

等地完成探测工作以后，1941 年 3 月 15 日转赴攀枝花。4 月 16 日结束工作离开攀枝花，返回会理。此时带出来的旅费已经用罄，没钱雇马，只能雇三个挑夫挑着仪器步行。步行了 10 天从会理到达西昌。在西昌得知地质调查所汇来 1500 元，但还没有收到，用抵押的方式从经济部拿到钱。稍事休整，又经

---

① 李善邦 1938—1944 年日记，私人收藏。

图5-13　西康探矿所经路线示意图

（老多制作）

过8天的艰难旅行，5月28日抵达雅安。在雅安找不到去成都的车，等待了几日，6月4日启程，10日到成都，最终在1941年6月12日回到重庆北碚。

这趟大约210天的探矿之旅，做物探的地点是竹子箐、泸沽、攀枝花、倒马坎等地，这些地方当时属于西康省，现为四川凉山彝族自治州。这个地区地处云贵川高原，是横断山脉和云贵高原相接的地方，山高水长，人烟稀少。两位先生离开昆明以后的一路，除了马帮可以走的羊肠小道，几乎无路，他们的交通方式是骑马、坐滑竿和步行。

这次李善邦和秦馨菱先生带着当时最先进的地球物理探测仪器磁秤，持续200多天的地球物理勘探，历尽艰险。但没有白跑，他们成绩斐然也。有什么成绩呢？首先"李善邦在西南地区进行地球物理勘探工作，成为中国物探界少数先行者之一。"[1] 这次地球物理勘探的成果发表在《西康盐边县攀枝花铁矿》中。

关于这次调查的来龙去脉，在论文开篇的"调查经过"中李善邦这样写道：

[1] 侯江，中央地质调查所所属地震台历史变迁，四川地震，No.4 2015.12。

西康一带矿产情形传说不一，多有信其蕴藏甚富者，但未经详实勘察，言富言贫均无所根据。作者等于民国二十九年冬季奉命以磁性探测方法，研究会理、毛菇坝、及冕宁、泸沽铁矿，途次西昌。当地人咸称盐边攀枝花之铁矿，遂比毛菇坝泸沽等地为丰，殊有探究之必要。查该地铁矿及汤克成、常隆庆于民国二十八年先行所发见，尚未详实调查著成报告，以供外间参考，故知者甚少。作者等此次所携仪器及装备，仅限于磁性探测，在地质情况未明了之前，不便使用……①

原来西康地区早就传说有铁矿，1940年初北碚西部科学院地质研究所的常隆庆先生（他在来西部科学院以前也是李善邦先生地质调查所的同事）和西昌国立西康技艺专科学校的汤克成，对攀枝花铁矿进行了踏勘，初步断定确实有铁矿。但他们没有发表调查报告，攀枝花铁矿的具体情况仍然不清楚。因此地质调查所命正在泸沽等地做地球物理勘探的李善邦和秦馨菱向后转，走回头路，转赴攀枝花，对铁矿做地球物理勘探。但地球物理勘探和踏勘不一样，做地球物理勘探必须要有物探地点基本的地质资料，比如经纬度、地形、岩石分布等地质数据。但当时攀枝花地区还没有地质学家做过地质调查，基本地质数据几乎为零。而李善邦他们这次带的

图5-14　攀枝花调查报告封面
（全国地质资料馆提供）

---

① 李善邦、秦馨菱，西康盐边县攀枝花钛铁矿，地球物理专刊，1942 Vol.1 No.13。

仪器是磁秤，没有基本地质数据，磁秤无法使用。怎么办呢？秦馨菱先生在回忆录中这样写道：

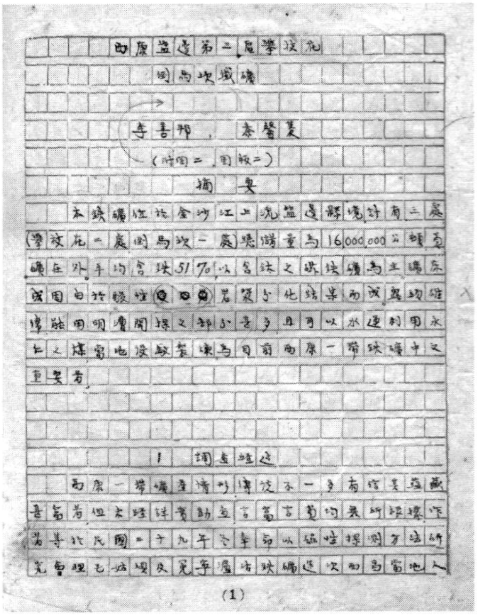
西康盐边第二区攀枝花
倒马坎铁矿
李善邦，秦馨菱
（附图二，图版二）
摘要
本铁矿位于金沙江上流盐边县境计有三处（攀枝花二处倒马坎一处）总储量为16,000,000公吨
1 调查经过
(1)

图5-15 攀枝花调查报告
（全国地质资料馆提供）

探测的正常工作程序是先由地质学家作地质考察，测量队测出地形图，再由物探人员物探勘测。而这一次是仓惶应战，事先仅有地质学家粗略的踏勘（即汤克成、常隆庆的发现），故地质调查、地形测绘和物理勘探全得我们包办下来。我们3人（即李善邦、秦馨菱和一个当地雇佣的测工）先一同在山上走了一遍，然后分工：李善邦作地质调查，我带测工用一个简易经纬仪测绘地形。遇有我们不认识的石头或矿物则编号注在地形图上，以备回到北碚请教别人。我们共去攀枝花（一座以攀枝花命名的小山）及旁边的尖包包和金沙江畔的倒马坎绘出地形图3幅，上面填有地质，在重点地方作了磁秤剖面数条，并在多处做了小规模槽探。带回的标本经化验知是钛铁矿。从露头的规模和磁力测量结果看，矿体实不算小，应有经济价值。到金沙江边看见类似颜色的岩石范围颇大，李善邦曾在金沙江南岸也曾见到类似石头，有一处还看到似有古人炼铁的遗迹。①

---

① 秦馨菱，地质调查所及鹫峰地震台回忆片段：探测攀枝花钛铁矿，地震地磁观测与研究，1989 Vol.10 No.3。

在没有基本地质资料的情况下，李善邦和秦馨菱只有自己动手做基础地质调查，确定经纬线，绘制出3幅地质图。自己动手克服了基本地质数据缺失之后，李善邦和秦馨菱对攀枝花铁矿矿石成分做出了矿山的定量分析，结果是：铁51%，二氧化矽1.55%，三氧化钛16.80%，三氧化二铝8.10%。《西康盐边县攀枝花铁矿》中的地球物理勘探结果，为攀枝花钛铁矿的开采提供了定量的科学数据。后来攀枝花钛铁矿成为全国四大铁矿之一，钒、钛储量分别占全国已探明储量的87%和94.3%。

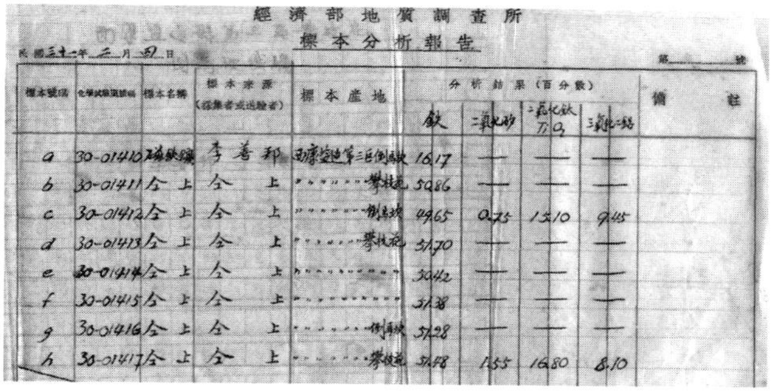

图5-16　攀枝花矿石成分分析数据

（全国地质资料馆提供）

除了调查报告，李善邦先生事后还写了一篇关于这次地质考察很详细的笔记，从中我们可以看到与日记中不一样的艰辛、波折、奇闻异事，以及西南地区的习俗、风土人情，还有那个时代科学家外出考察不得不经历的一个个恐怖时刻。下面我们来读李先生的这篇笔记：

## 川西探矿杂记

綦江探测结束后，拟作一次规模较大的野外工作，以肯定磁秤探测铁矿的功能。当时民国政府还想退到川西去，计划开发西川，所以西昌一带有不少工矿企业单位，如资源委员会设有办事处。前此已知道那边有毛菇坝、泸沽、攀枝花等铁矿，有待进一步勘测，遂决定到川西去。

一九四〇年十一月卅日与秦馨菱由重庆搭公路车赴贵阳，当到达贵阳时，将行李仪器搬至远东饭店，检查丢失了一个手提箱。里面装着磁秤的心子。没有它探矿就搞不成了。一时很捉急，责成店主人必须给我们找出来。店主人也慌了，乃大事搜索，卒在一个半似浪人的青年床下找到，店主人打了他一巴掌，我检查后没有损失，也就不多追究了（谁拿走了小箱子，这里和日记不太一样，见前29年12月3日日记）。入夜旅店中吵闹不堪，只见年轻女客穿来穿去，始觉奇怪，后才知是妓女招生意，真是商女不知亡国恨，国难云乎哉！

由贵阳抵昆明，候商运马队上会理，在昆明住了七八天，天天有空袭，敌人集中炸滇缅路，昆明无防空洞，人们闻警报皆出城至大普吉一带疏散。城外多坟墩及毁战壕可以藏身，人皆聚集于其间。小商贩亦随来，摆摊设市，以饮食为主。警报常至下午放（方）解除。人们就在摊贩上吃碗饵块（即大块年糕）或汤面以充饥。有胡萝卜特别长大好吃。可以充饥又解渴，我最喜欢吃。在昆明找到一帮运邮件至会理的马队，其有三十几匹马，租来四匹，因两匹驮行李仪器，我与秦馨菱各乘一匹。随着帮走，这些马习惯于驮运，只会走不会跑，尚不怕坠马。惟每日天不亮即起行，午晌及常在马上瞌睡，相当危险。尤其快到宿站时，背上酸累不堪，马帮主人是个大烟鬼，一到宿站即摆火吹烟，我虽心里很讨厌，但不得不装着不怕烟，与他混坐一床，联络感情。因路途并不太平，诚恐路上出错，则因小失大矣！当过惠民县时，县长特派警卫，一直护送我们到金沙江边。过了江快到会理前一晚，传来警报，说有土匪数百，离我们很近，一时相当着慌。幸此时与马主人混熟了，他极力为我等设法保安全。幸候至深夜不见动静，仅虚惊一场而已。

至会理即转往毛菇坝竹子箐，借住夏家的学校。每日上山作探测工作。夏乃本村大富翁，矿山属于他家。自办冶铁业，用木炭为燃料，人力抽风，据云每日可出铁千斤。经冶矿炉炼出生铁后，又冶炼一次，曰炒铁。其法将生鈇铁击碎为掌大小，架成直径两尺高一尺的空心塔，旁边燃柴炉，用风箱吹风，火舌从下吹出入于钎塔，约半小时，待烧至白热时，伙夫用铁杠捣去，来回翻动如炒菜，故名炒铁。又约半小时，搓出土围，抽出打三四十锤而成铁猪。

在竹子箐过阴历年。夏家请我们吃松毛席，堆松毛厚尺余，摆上酒菜，家人围着席地而坐，同庆新年。我们用着一个工人，过年时也须打牙祭，就叫他去买两只鸡，好大的骗鸡，一个重13斤，另一个9斤，我们三个人一齐动手，好容易才把它杀死，煮了一大锅，三日才吃完。

由会理至西昌随马队走了五日才到。这一带山里是彝族居留之地，彝汉不和，必须有人介绍方能进去。当时这一带是祁秀廷称王，先去拜候他，取得他的介绍后，乃往泸沽铁矿山。住于白彝家。白彝原是汉人，被彝人抢去为奴，叫娅子，传一二代彝化后，遂为白彝。我们借住的这家有几个娅子。彝族怕汉族欺压都住在高山上，用水很困难。因此清洁卫生很不讲究。屋舍很简陋，进门中间是火塘，无灶，地挖一圆坑，烧起火，以煮食吃和取暖。火塘正面是神位，不许坐入，夜间全家围着火塘和衣而睡，不另盖被。火塘一边是储藏财富的地方，有时亦睡人。另一边放农具及牲畜。彝人很好客，每晚都有多人凑着我们谈笑（他们都能讲一点汉话），不知不觉过到我们身上很多虱子，以致每日出去工作，必先放下仪器，对着太阳脱下衣服捉虱子，每天总有十个八个的。

由西昌顾（雇）滑竿（即过山轿）沿安宁河而下，过雅砻江至棉花地，而达攀枝花。这一带多种鸦片，也许是土壤气候特别相宜，罂粟长得特别高大，果大如桃。我问轿夫这里何以那么多人抽大烟？答之缺少医药，病了没药医，用鸦片来顶，久之就上瘾。但亦不花什么钱，自种自吸，与种黄烟同。

攀枝花铁矿很大，因含钛冶炼很难，然山下亦发现有土炼炉遗迹，可见从前亦有人想利用过，但未成功。山上无人居住。到处是狼粪。为了追踪露头，我沿山沟落荒冒险走了很多。一次下到土坑去，因四面土很松，怎么也上不来，隔秦馨菱测量处又很远，喊也听不见。最后发现一条树根，费了大劲才攀登上来。山很陡，一次在测量地形时，失足滑坠，溜下指数丈，觉右足踩得一草根，方保持住，喊人救上来。事后回想，前一次没有遇到恶狼，后一次没有溜下去，均属幸运。铁矿似延至金沙江边，于是又追到江边去探测，隔江的南面属云南省，从江北望去有露头很像是铁矿，决定前往考察。吃过早饭，与老秦沿江而上，找渡口过江，不料走了很远才过了江。又沿江而下，看完露头时，已午后。又循原路回来。沿途没有食吃，饿极，在近家十里路上，一步一拖，抵家已天黑。此行倍尝饥饿之苦。金沙江水很冷，一天中午很热，想下去洗洗凉，不料水冷割人，乃是高原流下的雪水。再次探测完毕后，仍取道会理，返回西昌。因旅费不够，一路是雇挑子步行的。

途中常见禁烟告示，问之乡人，谓是禁种不禁吸。实则寓禁以征，受害者只在汉族区，彝人则大种特种，然彝人不吸烟，用鸦片土与汉官换枪支。十颗子弹一两烟土，一只驳壳枪一百五十两。因此彝族武装大增，常下山抢人畜。闻在越隽有两个女教员被抢去，传出话来，谁能救出她们，愿同他结婚。我同秦馨菱亦很险，当由会理回西昌，一路跟着挑子走路，约行至殿沙关我们在安宁河的西岸走，原要渡河沿东岸行，不知为何，决定再走一程然后过河。就在这当儿，彝人在东岸抢人，我们听到枪声，甚为害怕。假若早过了河，正好凑上，才真冤枉呢！大约就是此事发生后的第二天，又遇着一回不愉快的场面。那天我们到宿地早了些，在歇店先吃了饭，不久店里回来不少工人。坐满了一桌准备吃饭，我举头望见一女人满脸麻风，不禁哎呀一声，但见同桌者食饮自若，我很奇怪。幸饭后都走了。翌日，出发较晚，适值赶街，正当我们走过街上时，见买者卖者不少麻风掺杂其中。而交易如常。我不禁十分骇叹。快到西昌了，抵德昌要过桥，桥上士兵守着，我将刘文辉的通行公文取出，兵士误认为我等下乡办土的，口口声声长官长官，赏两块土，我再三申辩我们不是那路人，不信时请查行李。他偏说，长官长官，不敢大胆。随便赏些小意思。无奈我实在没有，当放我们过了后，由西昌雇马随马邦至雅安。沿途尚有诸葛孔明庙，惜皆颓毁。此时天气已热，歇店招的臭虫真怕人。我当初谨防从床缘四角来袭之敌，哪知天蓬上尚有无数的小东西伺察着，到时候它们感到人的气味，就掉下来了，落在面上身上，终夜来不及扑杀。至雅安遇秉铁汉（可能是老乡，日记里叫觉非，觉非也许是名，秉铁汉可能是号），任银行主任职，相见甚欢。他定要请我吃饭，我适病，勉强赴席。席间竟昏过去。遂在雅安休息了几天，方搭汽车到成都。

此行共八阅月，以后也不再做野外工作了。秦馨菱是个大善人，到处极愿意帮助人。当泸沽探测住在彝人家时，尝教彝家小孩念汉文，可惜时间太短，成效不大。然教出一个人，冷富达。他是我们雇来帮忙的人，由马帮主人介绍，自会理至毛菇坝时就用上他，到我们工作完结，离开，他一直辛勤劳动，为我们照顾行李、做饭、买办和打杂，因不识字很不方便。老秦就为他买书和纸笔墨，每夜教他读写，后来居然会念简单的书，写简单的信。这是他梦想不到的事，高兴极了。到我们回来北碚之后，还来过一二次信，表示感谢。[1]

图5-17　考察中的李善邦
（私人收藏）

从1937年开始到1941年，作

---

[1] 李善邦记事本，私人收藏。

了三篇论文，又经过8个月从康西攀枝花探矿回来的李善邦，是不是该好好休息一阵子了呢？他没有休息，又开始在北碚继续躲警报、干活儿了。干啥活儿呢？有地质调查所的活儿，也有家里的活儿。我们继续读日记：

30年（1941年）6月23日

本日在讲学会上报告此次调查情形。并将攀枝花倒马坎之矿量作初步报告，约有一千一百万吨左右。

行李仍未到，账尚放著未报。

30年（1941年）8月3日

星期一以前有一星期之久无警报。自星期一至星期四叠来警报，每次七小时至九小时，时间之长始从来所未有。本日购肉两斤，急急烧熟，以备警报之来。结果无警报，安度一星期天。

30年（1941年）8月6日

破炉之侧藏垢纳污，每进厨房，即生厌意。本日牺牲中觉，与丽丽（大女儿）取泥，又充得火砖十块，将破炉抬出毁之，另砌新灶，砌成后灶前后易于整理清洁。心中非常愉快。

30年（1941年）9月9日

本星期尝两度自上房检瓦。一为省钱，亦因本地工人太不可靠，一再修换未及漏处。

丽丽等内衣皆破毁，夜眠光身就寝，见之痛心，乃急购得粗布数尺，自为之缝，每于晚间读书时间，抽出一小时缝衣，数日竟缝起四件。

小妹（二女儿）明日上学，冀荣（大儿子）留级（此时7岁，后来他上了清华大学）。

30年（1941年）9月21日

方俊辞，改就三台东北大学教席。

贾连亨亦辞职，……十年教导付诸东流，殊可惜也。

现日蚀，11：08，蚀约百分之九十，秦则观地磁之影响。

◎中国科学社在北碚召开社友会观察日全食，
摄于1941年9月21日。
前排左1王家楫，左3钱崇澍，左4曾昭抡，
左5竺可桢。众人身后为天文望远镜。
王家楫，动物学家，中研院动植物研究所所长；
钱崇澍（雨农），植物学家，中国科学社生物
研究所所长；
曾昭抡，化学家，西南联大教授。

◎处于日偏食过程中的月牙状
日影，李善邦摄于1941年
9月21日北碚。

图5-18　樊洪业等著《竺可桢的抗战年代》125页

图片上的说明：

上图：中国科学社在北碚召开社友会观察日食。摄于1941年9月21日。

下图：处于日偏食过程中的月牙状日影，李善邦摄于1941年9月21日。

李善邦，中国地震科学事业的开创者，自1929年起在地质调查所主持地震研究工作。

在410921日记中，未记李善邦到会。此照片可能由李在地质调查所拍摄，后赠竺可桢。竺可桢、李善邦两人在北碚期间多有交往。

30年（1941年）9月28日

为小孩裁衣，有警报未逃，早种菜。

所中同仁欢送方俊。参加者三十余人。自办在礼堂分食（方俊先生从此离开地质调查所到三台东北大学任教，后成为中国著名大地测量学和地球物理学家）。

决定下星期努力完成小孩之冬衣，并抄完摘记。

31年（1942年）1月11日

本星期无事，即为长沙三次大捷，斩敌三万多人。

米不够，颇恐慌。已买红薯35斤，米一市斗，希望能接上。细计红薯抵米，所便宜甚有限，徒日苦！

32年（1943年）5月2日

最近两星期稍有时间即消费整理家物（务），搭棚整窗户，挂帐子不一而足。今后须修理一帐子为丽丽用。这年头时间便是如是消耗着，惨矣。

昨日发薪得钱一千零六十元，苏医（当时李先生在江苏医学院兼课）或可得三百余元，粗计本月支出，不敷将近三百元。丽丽鞋已穿洞，不得已取一套西服便拖李悦言赴渝卖以资弥补。

32年（1943年）5月16日

自星期三（此时是星期天）欲《地球年龄》一段整理出来先行发表，得些稿费，不意直至今日尚未完成。亦因其中须重写者当多也。海昭（妻子）原定本日赴北温泉一游，计算须数十元旅费而罢！

本日上午整理家门口地，下午为小儿制鞋，弄得十个指尖甚痛。晚间致不能写文章，殊损失不资。

昨日取回西服去卖，言价二千元，鞋一双三万元，不知几时可脱手。

32年（1943年）5月28日

尽一日之力，筑一篱墙，以隔绝邻居之鸡。以全新栽之茄，然因茄种后天气大晴，茄苗已半死矣。

身体渐有不支之势，人言余气色不好，大概睡眠不足之过。

32年（1943年）6月20日

《地球年龄》一文，乃一小段未完，《地球自转》文稿未动一字，及地震仪Damping（阻尼）部分，地震仪之第二部分工作正在考虑中。

本星期必须将《地球自转》一文改好，另设计地震仪。

本日为儿辈制皮草鞋一双，及鸡笼一个。整日未得遐散步。

32年（1943年）8月29日

丽丽本日赴合川进二中，携款一千六百元。

最近两星期一切工作停顿，地震仪之台基已于昨日动工建筑，本星期须恢复工作。[1]

图5-19　被保留下来的，北碚生活期间
撰写的《磁性与地质》

（私人收藏）

---

[1] 李善邦1938—1944年日记，私人收藏。

以上日记记录的就是，1941年6月从攀枝花探矿回来以后，一直到1943年8月的两年多时间里，李善邦先生既有为工作、为家庭的清苦，又有为儿女服务做鞋、裤之快，还有天狗吃太阳的时候，架上照相机拍一张日食照片之乐等工作、生活的点点滴滴。

关于当时的日子清苦到何种程度，秦馨菱先生曾经写过一篇回忆文章《李善邦卖猫》：

> 有一两次我被选为单身伙食团的团长管理伙食。因为米价常常上涨，所以一收到同事们交来的饭费就赶快去买些米来，存在办公室内。四川老鼠很多，所以办公室内招引了很多老鼠。有位同事名卞美年（1908—2002年，著名地质学家，古生物学家，石油学家），家中养有一猫，卞全家要调往玉门油矿去工作，我就把他们的猫要来养在办公室里，果然老鼠就此绝迹了。这时，李善邦家也因鼠多为患，和我商量借猫。从此，这只猫就在我办公室和李善邦家轮流驻防，每星期换防一次，两处就都无鼠患了。以后猫在李家生了4只小猫，消息传出，许多同事来向我要猫，有3只很快就订出、断奶以后各自抱去。剩下一只仍养在李家。有一天，李善邦小女儿抱着小猫在外面玩，过路的问她猫卖不卖？小孩吓得抱着猫跑回家去了。过了一两天，李善邦把这事告诉我并与我商量："你的小猫我给你卖一只好吗？我现在实在太困难了。"我觉得李善邦家孩子很多，负担重，每个月才敢吃一次肉（那时候我们在伙食团每星期可以吃一两次肉），确实困难，就同意了。他就叫小孩把小猫卖了三元钱以小补家用。[①]

从李善邦先生的日记中可以看到，他和秦馨菱先生几次野外考察回来以后，北碚仍然不断遭到日本轰炸机的狂轰滥炸。而在这种状况下，李善邦

---

① 秦馨菱，李善邦卖猫，地震地磁观测与研究，1989 Vol.10 No.3。

先生一家的生活，不但有因米贵以红薯充饥、卖猫等等窘迫，又有把藏污纳垢的厨房整理干净，自己爬上房子修理屋顶，省下一点钱的快乐，以及抽出读书时间为孩子缝衣裳、做冬衣、种菜等等的日常。更重要的是，在这段时间他还完成了《地球物理探矿手册》《菏泽地震报告》《水口山报告》，绘制了地震仪图形，拍摄了日偏食的照片等。

图5-20　小女儿出生时一家人合影，背景为北碚西部科学院的大楼
（私人收藏）

不过李善邦和秦馨菱先生仍然是幸运的。从1937年李善邦独自赴湖南水口山，接着1937年10月又与秦馨菱先生再赴水口山，1939年李善邦先独自上綦江，接着秦馨菱赴綦江，以及1940—1941年的西康攀枝花探矿，李善邦和秦馨菱先生的这几次考察，虽然十分艰苦、困难重重、险象环生，但每次不是幸运度过就是有惊无险，更没有真正遇上过土匪。但那时不是所有去野外考察的科学家都这么幸运的。1944年4月，地质调查所的许德佑、陈康、马以思三位科学家就没有这么幸运了，他们在贵州考察时遇上土匪，惨遭土匪杀害。

李善邦得知同事在考察中遇害的事情以后，怒不可遏，与颜惠敏、丁毅、王钰、黄汲清、程裕祺、尹赞勋、周宗浚、曾世英共九位科学家，上书民国总统，请饬令缉凶，并从优抚恤科学家家属。

李善邦的笔记本里有一篇哀悼遇害同事的纪念文章：

### 哀许德佑被杀

许君德佑为一后起古生物学家，一九四四年四月，率陈康、马以思（女）自贵州之磐县至茅口一带调查三叠纪地质。至普安县之中兴场（即罐子窑），一时不慎将行囊暴露，新发行十元红色交通银行钞票，特别显眼。即被当地土匪易仲三盯梢，纠合暴徒二十九人，埋伏于晴隆县之黄广，许君的挑夫早为土匪收买，路上许君不察尚极体贴挑夫的辛苦，行至生事地点，许方上坡，被一枪击中腹腔，当即倒地毙命。陈、马二君在后，见许已死，即拟奔避，但匪徒鸣枪威吓，无法逃脱，遂至束手被擒。匪徒当将财物抢劫一空，并俘陈、马二君，前行二十余里，下午六时许在晴隆县属马路河森林中，首将陈君枪杀，更将马女士长衣尽剥。女士曰：我是大学毕业生，国家官吏，你们都有姐妹，请杀我，勿辱我。匪徒狂悍，置若罔闻，竟被七匪轮奸。女士即云：你们要我死，请给我以长衣，乃从容穿一蓝布大褂，饮弹而死。当许君初被戕后，与匪无关之另一力夫曾与二匪夫分向附近两个县之保甲长报告，如立即追击，陈、马二君当可救释。但迟至二十五日，始派员查案，草菅人命，实不可解。且易匪仲三于二十五日亲至五里坪，收回所发枪五枝，并分赃一万八千元。如保甲长无通匪嫌疑易，匪何至胆大如此。

重庆方得到消息派侯学煜（1912—1991年，著名生态学家）由云南赶往查究，侯尽一切力量，卒将易仲三等全班土匪捕获法办。追悼会之日（卅三年六月十一日）同仁等十分悲痛……葬在贵阳花溪风景区，墓前立起一高碑，使游人无不见此伤心碑碎。[1]

……

---

[1] 李善邦记事本，私人收藏。

从 1937 年到 1941 年，李善邦和秦馨菱先生在湖南、四川、西康等地做了几次野外考察，也同样充满了危险，"曾深入川边西南山地，冒了许多危险，不止一次几乎丧命"[①]，幸好几次都没有遇见土匪。

1941 年从攀枝花考察回来以后，地质调查所因为经费不足停止了野外考察工作。于是李善邦准备重操旧业，继续从事地震研究事业。其实李善邦从来也没有停止过要继续做地震研究的思考，从前面日记可以看到，日记里出现过几次地震仪的字样，看上去轻描淡写，却恰恰映射出李善邦想要继续做地震研究的心情。从西康攀枝花回来以后，野外考察停止，自造地震仪的工作便被正式纳入了工作议程：

> 看情势战争非一时可了，乃渐渐按下心情，与环境作斗争。就可能获得之材料中，进行部分研究工作。贾连亨不安于位，在最艰苦的时候辞职而去，颇为伤心。余自西康回来后，从事于恢复地震观测，力图设计自制仪器。此时电力自来水均无，车床用人力摇动。晚间一灯如豆，或写或读，每至午夜渐至不能支持，又复频频吐血，身体几乎崩溃。海昭（夫人）亦日见萎弱，面黄肌瘦，毫无当年美润之色，私心恐惧，然亦无法。

这段"记事"是李善邦在攀枝花探矿结束以后，下决心自制地震仪，以及当时情况的描述。要按下心情与环境作斗争，但困难重重，最困难的时候助手辞职，水电皆无。客观情况如此，而自己的身体也有问题。此时的李善邦，由于长期奔波劳累，加之营养不良，身体状况已经大不如前。前面我们看到，李善邦先生从攀枝花考察回来的路上，老乡请他吃饭时身体不适，在饭桌上竟然晕倒了。回到北碚之后，他和妻子的身体都很虚弱。自制地震仪的工作就是在这样的状况下开始了。关于地震仪的研制，李善邦在笔记中这样写道：

---

[①] 李善邦记事本，私人收藏。

　　地质调查所经费日拙，个人生活亦日感窘迫，探测工作无补于时难，今后工作方针不能不有所转变。一九四二年春尚派秦馨菱君探测大渡河一带砂金，后即停止探测工作。余本人则决意回头致力于恢复地震研究。首先需要有地震仪器，然而赤手空拳，难于下手。当自南京撤退时带出车床一具及一部分小工具。仅足为修理仪器之用。此时已不能向外国购置地震仪。惟一可行之路，便是利用此简陋工场，试行自造国产地震仪。计划已定，即着手制图，无奈参考书籍之损失殆尽，只能半凭个人经验，配合当时可以取得之材料、工具与技术，设计一种极简单之地震仪。不管三七二十一，毅然开始制造。其中经遇困难甚多，尤其记录部分几至无法解决。同时抗战军事形势日益恶劣，物价高涨，生活非常清苦，工人不能安心工作，敌机不断轰炸，常夜以继日，使人精神疲惫，频于错乱。①

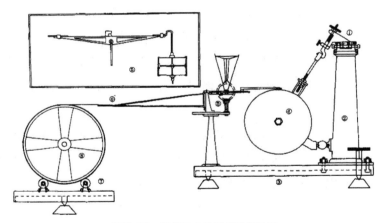

**图5-21　极简单之地震仪的设计图**

（中国地震局地球物理研究所资料室提供）

　　图5-21就是李善邦根据记忆和经验绘制的极简单之地震仪的设计图。从日记中看，绘制地震仪的设计图，从1940年8月就开始了：

---

① 李善邦记事本，私人收藏。

29 年（1940年）8 月 31 日

将菏泽地震报告暂停，先作正式图样，制造探索用地震仪。①

1938年李善邦、秦馨菱从湖南水口山来到北碚以后，地质调查所地震研究室只有三个人，即李善邦、秦馨菱和贾连亨。1939年，秦馨菱的同学，也是清华大学物理系毕业的刘庆龄先生流落到重庆，秦馨菱先生把他介绍给李善邦，李善邦就安排刘庆龄先生负责地磁探测工作，这样地震研究室就有了四个人，即李善邦、秦馨菱、贾连亨、刘庆龄。关于李善邦在北碚的故事，在邢军纪先生《最后的大师——叶企孙和他的时代》一书中，有这样一段描述：

> 有一天，李约瑟打来电话，想了解中国地震学方面的研究情况。叶企孙很爽快地答应了他的请求，二人结伴来到位于重庆市郊几十公里外的北碚。
>
> ……
>
> 现在，站在李约瑟和叶企孙面前的是北碚地震台（其实是暂住在西部科学院的地质调查所地震研究室）的四勇士：李善邦、秦馨菱、贾连亨、刘庆龄。刘是秦的同学，因战乱流亡到重庆，秦便把他推荐给李善邦，李把他安置下来，让他开展地磁测量工作……当这几位衣衫褴褛，形容枯槁，背靠茅屋竹林，口中却自然流泻出熟练的英语和地震学的专业术语的地震学者出现在眼前时，李约瑟被深深震撼了。
>
> 他无法不震撼，因为他还看到了一台即将完成的地震仪。这是完全靠土办法自制的地震仪。他们没有钱雇工人，就自己动手。没有电，就自制石头飞轮，一个人摇飞轮，另一个人做机加工……
>
> 在中国科学家们的创造面前，李约瑟深深地折服了。②

---

① 李善邦1938—1944年日记，私人收藏。

② 邢军纪著，最后的大师——叶企孙和他的时代，北京：北京十月文艺出版社，2010，377—382页。

邢军纪先生的描述充满文学性，十分感人。不过因为他没有看到过李先生的日记，有些情况不太清楚。实际情况是那时贾连亨已经从地震研究室辞职（见前面李善邦先生1941年9月21日日记）。李约瑟先生是1942年从英国来到中国，"大约在第二次世界大战开始时，亦即在我接受英国政府的邀请去重庆参加文化与科学协作代表团之前不久，我写这本书的计划就已经有了一个大体的轮廓。从1942—1946年，这个代表团发展成为英国驻重庆大使馆领导下的科学联络局，有六位英国科学家和十位中国科学家参加。"[①] 期间他与中国科学家频繁接触，其中包括到北碚和李善邦等几位勇士见面。所以李约瑟先生1942年去北碚时，贾连亨先生已经辞职将近一年。所以，站在李约瑟先生面前"衣衫褴褛，形容枯槁，背靠茅屋竹林，口中却自然流泻出熟练的英语和地震学的专业术语的"的不是四勇士，而是：李善邦、秦馨菱、刘庆龄三位勇士。此外自制地震仪也不是没有雇工人。在李善邦先生的"记事"本里有一篇写于1962年10月2日的文章《六十生辰回忆》，在这篇文章里李善邦回忆了地震仪的制造过程：

> 再搞地震吧，然而赤手空拳又从何下手呢？最后决心自制地震仪器，恢复地震观测。其实当时若与高官大族拉上关系，从外国搞些仪器设备，诚不费吹灰之力，但我不能，唯有自行设计制造。可怜当时的生产工具，只有车床一部，小台钻一个，工人也只有师徒二人。工作条件如此，其他条件更坏，物价飞涨，公务人员吃蔬粝之食，在商人利气百倍的引诱下，有人转业，贾连亨也辞去了，这使我很伤心。
>
> 无论如何得干下去！从设计图开始，全凭自己设法解决。初无制作整套地震仪的经验，手边又缺乏参考图籍，遂决定采用最简单的方案，但不管怎样简单，总包括若干铸件，机簧以及大小不等的车、钳工序，困难摆在面前，须得一一克服。经费很少，还得自己设法寻

---

① [英]李约瑟著，中国科学技术史：第一卷（第一分册），北京：科学出版社，1975，21页。

求……尽量在旧货摊上找些可以改作零件的废品。最令人气恼的是原应供电的资本家借口电力不够支配，截断供应，车床因此不得不设法改用人力转动，出件既慢又不精致。但更难堪的是精神生活。

敌军日益深入内地，敌机轰炸夜以继日，每日可以工作的时间不过二、三小时，其余消磨于逃避警报，防空洞远在山岗之下，既简陋又狭小，挤在里面，气闷而心更闷……

情况越来越糟，工人不肯干，换了又换，记录器部分的制造工作又很麻烦，没有一件现成、须一一进行试验，初作模型不敢浪费材料，尽量用代替品，甚至连皮鞋油盒子都用上去了。失败若干次后，终于克服一切困难，制成了第一架地震仪，当第一次记到成都地震，接着又记到土耳其地震时，心头确实高兴，从此我又恢复了地震观测。[1]

关于制造地震仪的事情，除了"记事"本里的记述，在李先生当年的日记里，记录却非常少。在1940年8月31日记中："将菏泽地震报告暂停，先作正式图样，制造探索用地震仪"以后，日记本里就很少出现地震仪这三个字。日记里为什么这么少记录呢？从前面的日记和"记事"可知，自制地震仪从开始制图，共经历了三年时间。也许因为这个过程旷日持久，进展又极其缓慢，实在也没什么好记的。直到1943年6月，日记里终于再次出现了地震仪的字样：

> 32年（1943年）6月14日
>
> 每日忙得手脑无停，而毫无可见之成绩。总之杂事太多，地震仪一切调整至最后阶段，现仅Damping（阻尼）尚在改造中。拟于本星期完成之。《地球年龄》文，亦拟于本星期三完成之。《地转对地壳构造影响》一文，必须于本星期改完。

---

① 李善邦，六十生辰回忆，地震地磁观测与研究，1989年06期，64—65页。

32 年（1943 年）6 月 20 日

《地球年龄》一文仍一小段未完，《地球自转》文稿未动改一字。本星期所作者，仅给 Sharpley 本所地性室研究概况、及信、及地震仪 Damping（阻尼）部分。地震仪之第二部（由东西和南北两个方向的两部地震仪才可以组成一个地震观测台）工作正在考虑中。

32 年（1943 年）8 月 4 日

《地球年龄》一文于上星期作完，本星期写地震约五千字，《地球自转》一文尚未参考完毕，拟于今后一星期完之。地震仪之拾震器仍须改良。

32 年（1943 年）8 月 20 日

地震仪各部设置已至不能再调整之程度，情形尚好，七月半科学社年会时，大公报记者徐盈来参观后，在大公报发表一段消息，颇赞美。

老翁（翁文灏）设法加发一个月薪津……①

前面日记中，李善邦先生两次提到 Damping（阻尼）的问题，而且问题一直没有解决。关于阻尼还有一段很有趣的传说。话说李约瑟先生去看了三位勇士以后，深受感动，他后来又去了几次三位勇士工作的茅屋竹林。据说有一次他对李善邦先生说："你们这里条件实在太艰苦了，要不我想办法让空军为你们从英国带一些营养品来吧？"李善邦先生听了赶快说："营养品就算了，如果英国有这种弹簧，倒是可以帮我带几根来。"弹簧是干什么用的呢？应该就是地震仪拾震器上急需的，充当阻尼的部件。当然，这只是一个得不到证实的传说和故事，但虽然是故事，却可以看到当时条件之艰难。而且国产地震仪的阻尼问题，一直到 1950 年代才彻底解决。

---

① 李善邦 1938—1944 年日记，私人收藏。

　　从1940年8月31日开始绘制地震仪设计图，到1943年8月20日，经过将近3年（差11天）时间艰难的研制，霓式地震仪诞生了！

大公报重庆版

1943/07/27

科学工作之新成就

——李善邦创制地震仪成功

【本报讯】中央地质调查所地震研究室建设中国自制之第一架地震仪试验成功，是为自后汉张衡所制简单地震仪器后，国人之唯一继起者。本报记者特往参观，由创制人李善邦氏引导逐一说明，并检视记录：上月二十一日成都地震之震幅赫然纸上。据称：民国十九年（1930年）中央地质调查所设地震研究室于北平鹫峰山，即由李氏掌其事。研究室内曾装置维开式、加利清式等最精密之地震仪以司观测，世界各地地震皆能记录；除菲岛有同样设备外，为远东最完备之研究室。盖地壳震动时，有震波向四方播散，人不能感觉者，仪器皆得而记录，依此震波即可从事研究。七七事变后，一

图5-22　1943年7月27日大公报重庆版

（李学通先生提供）

切仪器图书均告损失，工作人员则均以身免，退至后方，乃从事于地球物理之探矿研究，并有若干野外工作。李善邦氏为国内有数地震学者，于其实用工作之余，不忘地震观测之继续，乃于其研究室附设小得可怜之工厂内，从事地震仪制造，费三年之时间，卒告成功。初次装就曾于今年地质展览会上一度公开，会后犹费时数月再加改善，始达满意境地。李氏所作地震仪系取水平摆式，专记水平动之一向。合融德国式与日本式之长而成，笔尖放大约一百二十倍，系以最简单之杠杆法放大者，且以最便宜之烟纸为纪录。此种仪器若非战时，除设计时间外，每月可完成一部，然战时稽延殊多，则难预计。最有趣者为其自动记录部分，用以推动旋筒之钟机，乃创制者两年前在旧货摊所得之破钟发条经改造而成，仅此一物，即费其半载之思考。此类仪器，适合记录近地地震。李氏欲于抗战胜利后，将此姊妹仪器永留四川应用，并拟设计一较为精密可资研讨地球内部构造之地震仪及探矿地震仪，约于最近可完成。地震研究室当前之研究可分为四部：①地震原因之研究，②地震动象与地球内部之推测，③地震对于人类之影响，及其防患，④应用其原理以探测石油等地质构造。

关于自制霓式地震仪的过程，秦馨菱先生也非常详细地回忆了这件事：

地震台已经损失了，但李善邦念念不忘地震观测与研究。那时，第二次世界大战已经爆发，从国外进口地震仪已不可能，李善邦就打算自己试制。当时有的同事表示怀疑。但李善邦则坚持要试一试。材料很缺，就从旧货摊上买些东西改装代替。因为没有电，就用了一个石头磨盘当飞轮，用人力摇动以带动车床车制零件。那时日本飞机空袭，工作常常被迫停止，所以进度不快。1942年春，终于将主要部件制出（曾运到重庆的地质学会展览会上展出），到1943年春才全部制成开始正式记录。于1943年6月22日[①]晨记到成都附近的地震，这是该仪器记到的第一个地震。到1946年往南京搬迁之前共记到109个地震，其中有我国淮河流域的地震。所记最远的地震是土耳其的一个地震。这套地震仪虽然很简陋，但它是抗战时期我国内地唯一的一套地震仪，并取得了一些数据。解放后，曾对这套地震仪加以改进，复制了许多套，在我国黄河流域地区布置了20多个地震台，这是我国地震台网的雏形。

为庆祝中国地质学会成立20周年，于1942年3月16日至18日在重庆中央图书馆举办展览会。中央地质调查所、四川地质调查所、矿产测勘处等单位均有成果，发现展出。李善邦刚刚制作好的地震仪主要部件也参加了展出，三天内参观者达数万人……[②]

这台霓式地震仪，就是站在李约瑟面前"衣衫褴褛，形容枯槁，背靠茅屋竹林，口中却自然流泻出熟练的英语和地震学的专业术语的"三位勇士共同奋斗的结果。地震仪之所以起名为"霓式地震仪"，是为纪念中国地震科学事业的开疆者翁文灏先生，翁文灏先生字咏霓。1945年李善邦在《地球物理专刊》发表了论文《霓式地震仪原理及设计制造经过》。

在《霓式地震仪原理及设计制造经过》的绪言中，李先生这样写道：

图5-23　保存在英国剑桥李约瑟研究所中的《地球物理专刊》

（张九辰女士提供）

自古地震为害，至为惨烈，先

---

[①] 此处应为10月22日，秦馨菱先生撰写此文时年事已高，可能记错了。

[②] 秦馨菱，重庆北碚 地震地磁观测与研究，1989 Vol.10 No.3。

民早甚注意，故地震仪之发明亦甚早。我国后汉张衡于公历132年即制有地震仪实为地震仪中之最古者，其机械配合今已失传，惟后汉书张衡传中有云："……。"惜张衡之后无继之者，地震研究亦遂如昙花一现而已。自后千有余年，欧西各国始有地震仪之制造焉。

……

作者自1937年鹫峰地震研究室沦陷后，念念不忘在后方设法恢复，而恢复工作自以制造机器为先，并于1939年开始设计，初以四川甘肃云南诸地地震为目标。惟以抗战期间，照相材料等舶来品，购置不易，甚至来源断绝，仍取机械记录方法，以适应目前困难环境。俟有成就渐进精良，亦未晚也。而所遇困难仍多，历三年而后有成。若在平时至多不过三分之一时间足以完成之。兹为纪念我国首以科学方法研究地震之学者翁咏霓先生，谨名曰霓式地震仪。

有了中国人自己制造的第一台地震仪——霓式地震仪，李善邦就在北碚西部科学院地质楼地震研究室的办公室里，建立起抗战时期中国唯一的地震台——北碚地震台。从地震仪的研制到北碚地震台的建立，李善邦在记事本上这样写道：

仪器制造工作，进行极慢，至一九四三年夏，始稍具雏形，适逢成都附近发生地震，在试记中获得良好记录，精神为之一振，加进改良，至九月渐臻完备，虽远至土耳其之地震亦能记录。乃划办公室一角作为临时地震台，正式记录地震，并印行地震报告，我国地震观测经六年停顿，至此又告恢复矣。后依样再造一架，完成东西和南北两分向。

此后致力设计制造垂直向地震仪和探测用地震仪，直至一九四五年八月，日本投降之日，只作得初步模型，慢慢试验。①

---

① 李善邦记事本，私人收藏。

**图5-24　东西和南北两分向水平地震仪**

(来自网络)

图5-24是从网上找到的，未标明来源。无论这张照片来自哪里，可以肯定的是照片上的地震仪不是国外的，是出自李善邦等三勇士之手。看着这张照片，我们似乎可以穿越80年的时光，回到1940年代的北碚。地震仪如李先生记事本中所写，是"东西和南北两分向"，"乃划办公室一角作为临时地震台"。从照片的背景上可以看到，左上角有一个汽油桶，汽油桶里是什么？是煤油，煤油是当时北碚无法或缺的重要生活物资。然后还可以看到一张办公桌的下部，照片右上，是个码放着箱子的架子，箱子上写着英文和数字L338。箱子里是什么？是不是磁秤和扭秤等探矿用的仪器呢？所以无论这张照片是不是当时的，从这张照片我们似乎可以看到令"我国地震观测经六年停顿，至此又告恢复"的、中国唯一一个极其简陋的地震台——北碚地震台的真实写照。

在日本飞机不断轰炸、生活条件极其艰难的情况下，李善邦和他的朋友们成功研制出中国人自己制造的，张衡以后第一台现代地震仪——霓式地震仪，随即建立起抗战期间中国唯一的地震台——北碚地震台。1943年10月22日由霓式地震仪记录的第1号地震（图5-25），成为中国人用自己制造的地震仪记录下来的第一个地震记录。中国的地震科学研究事业，1930

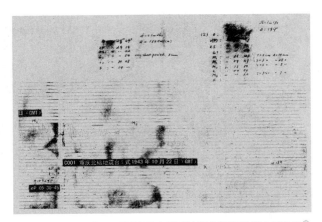

图5-25　1943年10月22日由霓式地震仪记录的第1号地震①

图5-26　当年北碚地震台所在地

（老多摄）

年从鹫峰艰难起步，1937年抗战爆发鹫峰地震台被迫停止工作，在停顿了六年以后，中国的地震科学研究在极其艰难的情况下，奇迹般地重新启动。这次重新启动意义更加重大的是，中国人用自己制造的地震仪记录地震的时代开始了。

---

① 中国地震局编，中国早期地震台历史地震图鉴：第二卷，北京：地震出版社，2005，54页。

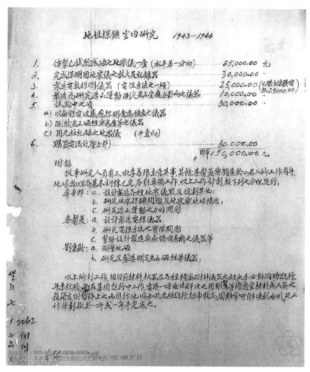

**图5-27　1943—1944年度计划和预算**
（李学通先生提供）

　　一路走来虽然荆棘丛生，地质调查所地震研究室（1938年改名为地性探矿研究室）的三勇士成绩斐然，但他们没有停，而是一步一个脚印，继续一往无前。"地性探矿室1943—1944"计划书和附录，记录了三位勇士准备用15万元做的事情（当时李善邦的工资大概是1000元）：

　　1.仿制已试验成功之地震仪一座（水平另一分向）。

　　2.完成探测因地震仪之放大及记录器。

　　3.制造电器探测仪器（电阻方法之一种）。

　　4.制造为研究造山运动测定岩石受应力影响之仪器。

　　5.试验中之项：

　　a）以无线电感应探测金属矿产之仪器。

b）测验岩石磁性与密度等之仪器。

c）用光柱记录之地震仪（垂直向）。

15万元，三个人，他们要试验制造的仪器包括三个研究方向：地震、地球物理和地磁。

1944年三位勇士的地性探矿研究室又发生了一点变化，"1939年秋时，地质调查所找到清华物理系毕业的刘庆龄，在李善邦指导下，携一套德制的地磁经纬仪在我国西南诸省测量地磁三要素，为绘制全国地磁图收集资料（以后这项工作连人带仪器先移交中央研究院物理研究所）。"[1] 1944年"时因地球物理研究室工作调整，地磁下马"[2]，刘庆龄先生连人带仪器从地质调查所地性探矿研究室（原地震研究室）调到陈宗器先生任主任的中央研究院物理研究所地磁研究室。而就在这时，谢毓寿先生来了。谢毓寿（1917—2013年），地球物理学家，我国工程地震学的开创者。抗战时期颠沛流离，先后在大、中学执教。1943年任甘肃科学教育馆副总工程师。期间谢先生非常仰慕地质调查所浓厚的学术氛围，多次与李善邦先生联系，但一时条件不允许未能前往。刘庆龄去中研院以后，地质调查所有了空缺，李善邦马上通知谢毓寿先生。但是李善邦告诉谢先生，来地质调查所工资不高，条件也不好。但矢志于地震研究工作多年的谢先生，不顾工资条件低毅然前往，从此走上地震研究之路。所以1944年以后，地质调查所地震研究室的三勇士变成了：李善邦、秦馨菱和谢毓寿先生。

关于从1944年到1946年，北碚地震台的历史，我们来读谢毓寿先生的一段回忆：

　　1944年秋，增聘谢毓寿专职地震工作，负责维护台站，分析处理地震图，编制报告以及交换资料等工作。当时的观测条件极为简陋。由于计

① 中国地震局编，中国早期地震台历史地震图鉴：秦馨菱回忆，北京：地震出版社，2005，212页。
② 中国地震局编，中国早期地震台历史地震图鉴：秦馨菱回忆，北京：地震出版社，2005，220页。

时钟无温度补偿，为了提高时间精度，须每小时与天文表校对一次，天文表靠收听德国授时台进行校准。由于距离遥远，仅有的一台老旧真空管直流收音机性能低劣，讯号微弱，只能在凌晨曙光初照前使用。时号电源采用旧汽车蓄电池，用手摇发电机充电数小时（只能维护几天）。记录用的道林纸当时国内不能生产，除记有地震须保留者外，经常反复使用。[①]

从谢先生的回忆可知，地震台虽然恢复了，但条件却十分简陋，要发展必须继续努力。

前面提到，邢军纪先生在《最后的大师——叶企孙和他的时代》一书中提到李约瑟先生去北碚看望李善邦等三位勇士的事情。关于这件事情，李善邦先生自己在记事本里是这样说的：

> 两年前英国派李约瑟来华，办中英文化合作馆，曾数度来北碚，参观余手制之地震仪。当余告以余如何艰苦做成，彼甚感动。又见余之地震仪甚为灵敏，更表示难能可贵。曾做文章在Nature上为余吹嘘。[②]

图5-28　1943年7月《自然》杂志
（沈三兵教授提供）

① 中国地震局编，中国早期地震台历史地震图鉴，北京：地震出版社，2005，217页。
② 李善邦记事本，私人收藏。

李约瑟是怎么在Nature上为李善邦先生"吹嘘"的呢？李约瑟先生本是剑桥大学霍普金斯实验室的著名生物化学家，英国皇家学会会员，他的开创性著作《化学胚胎学》是这一学科的开疆之作。因为他对中国文明中的科学因素发生了兴趣，要写一部关于中国科学与文明的书"Science and Civilisation in China"，这部巨著后来被翻译为《中国科学技术史》。为此他争取到机会于1942年赴中国，在重庆担任英国使馆科学参赞同时任中英科学合作馆馆长。期间他与中国科学家频繁接触，他去北碚看望李善邦等三勇士时，是翁文灏先生陪同前往的，而不是邢先生说的叶企孙先生，因为抗战期间叶企孙先生一直在昆明的西南联大，只是偶尔来重庆。

李约瑟在中国与科学家接触的所见所闻中，对抗战时期这些不畏艰难、坚持科学研究的中国科学家产生了极大的敬佩之情。为此李约瑟先生在《自然》杂志发表了系列文章，不但赞美了中国抗战时期的科学工作，同时也把那个时代中国科学家从事的科学工作和活动，更重要的是中国科学家的科学精神传递到国外，让全世界的科学家都知道，在抗日烽火连天，极端艰难的情况下，中国科学家们是如何坚持科学工作的。在其《科学在重庆》一文中，李约瑟先生专门提到了李善邦先生研制的地震仪。

## 科学在重庆

本文是最近两篇描述云南（中国西南部）科学工作的文章的延续。接下来，还将有关于四川省、贵州省和关东省（中国东南部）以及西北地区的文章。希望通过这种方式可以缓解中国、英国和美国科学工作者的相互隔离。

严格来说，重庆本身并不是一个科学中心，就像威斯敏斯特一样。这座城市位于嘉陵江与扬子江汇合处的两条大河之间的一系列山丘上，保持着它的自豪感，临时房屋像竹笋一样在被轰炸过的地区到处冒出来，这里已经有很多描述，没有必要再详细说明，但必须提到在山坡的岩石上炸出的无数防空洞。城市里的生活并不像人们想象的那么不

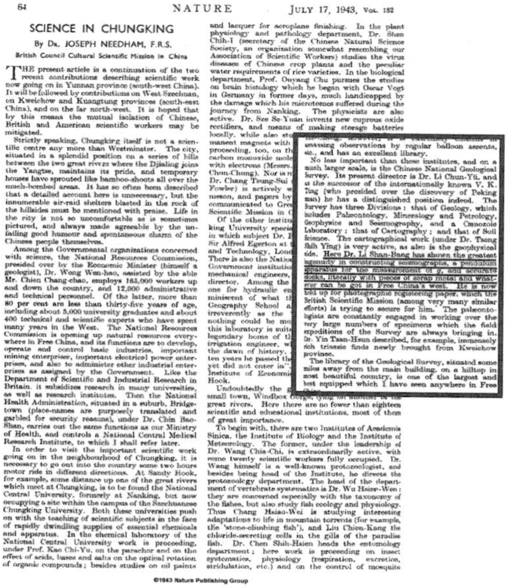

64 NATURE JULY 17, 1943, Vol. 152

SCIENCE IN CHUNGKING

By Dr. JOSEPH NEEDHAM, F.R.S.

British Council Cultural Scientific Mission in China

THE present article is a continuation of the two recent contributions describing scientific work now going on in Yunnan province (south-west China). It will be followed by contributions on West Szechuan, on Kweichow and Kuangtung provinces (south-east China), and on the far north-west. It is hoped that by this means the mutual isolation of Chinese, British and American scientific workers may be mitigated.

Strictly speaking, Chungking itself is not a scientific centre any more than Westminster. The city, situated in a splendid position on a series of hills between the two great rivers where the Djialing joins the Yangtse, maintains its pride, and temporary houses have sprouted like bamboo-shoots all over the much-bombed areas. It has so often been described that a detailed account here is unnecessary, but the innumerable air-raid shelters blasted in the rock of the hillsides must be mentioned with praise. Life in the city is not so uncomfortable as is sometimes pictured, and always made agreeable by the unfailing good humour and spontaneous charm of the Chinese people themselves.

Among the Governmental organizations concerned with science, the National Resources Commission, presided over by the Economic Minister (himself a geologist), Dr. Wong Wen-hao, assisted by the able Mr. Chien Chang-chao, employs 165,000 workers up and down the country, and 12,000 administrative and technical personnel. Of the latter, more than 80 per cent are less than thirty-five years of age, including about 5,000 university graduates and about 400 technical and scientific experts who have spent many years in the West. The National Resources Commission is opening up natural resources everywhere in Free China, and its functions are to develop, operate and control basic industries, important mining enterprises, important electrical power enterprises, and also to administer other industrial enterprises as assigned by the Government. Like the Department of Scientific and Industrial Research in Britain, it subsidizes research in many universities, as well as research institutes. Then the National Health Administration, situated in a suburb, Bridgetown (place-names are purposely translated and garbled for security reasons), under Dr. Chin Bao-Shan, carries out the same functions as our Ministry of Health, and controls a National Central Medical Research Institute, to which I shall refer later.

In order to visit the important scientific work going on in the neighbourhood of Chungking, it is necessary to go out into the country some two hours motor ride in different directions. At Sandy Hook, for example, some distance up one of the great rivers which meet at Chungking, is to be found the National Central University, formerly at Nanking, but now occupying a site within the campus of the Szechuanese Chungking University. Both these universities push on with the teaching of scientific subjects in the face of rapidly dwindling supplies of essential chemicals and apparatus. In the chemical laboratory of the National Central University work is proceeding, under Prof. Kao Chi-Yu, on the parachor and on the effect of acids, bases and salts on the optical rotation of organic compounds; besides studies on oil paints and lacquer for aeroplane finishing. In the plant physiology and pathology department, Dr. Shen Chih-I (secretary of the Chinese Natural Science Society, an organization somewhat resembling our Association of Scientific Workers) studies the virus diseases of Chinese crop plants and the peculiar water requirements of rice varieties. In the biological department, Prof. Ouyang Chu pursues the studies on brain histology which he began with Oscar Vogt in Germany in former days, much handicapped by the damage which his microtomes suffered during the journey from Nanking. The physicists are also active. Dr. Sze Se-Yuan invents new cuprous oxide rectifiers, and means of making storage batteries locally, while also stu... manent magnets with ... proceeding, too, on th... carbon monoxide mole... with electrons (Messrs. ... Chun-Chung). Nor is n... Dr. Chang Tsung-Sui ... Fowler) is actively w... meson, and papers by ... communicated to Gre... Scientific Mission in C...

Of the other institu... king University speci... in which subject Dr. ... Sir Alfred Egerton at ... and Technology, Lond... There is also the Natio... Government institutio... mechanical engineers, ... director. Among the ... one for hydraulic en... miniscent of what th... Geography School a... irreverently as the ... nothing could be mo... this laboratory is suit... legendary home of th... irrigation engineer, w... the dawn of history, ... ten years he passed th... yet did not enter in". ... Institute of Economi... Hook.

Undoubtedly the g... small town, Windbox Gorge, lying on another of the great rivers. Here there are no fewer than eighteen scientific and educational institutions, most of them of great importance.

To begin with, there are two Institutes of Academia Sinica, the Institute of Biology and the Institute of Meteorology. The former, under the leadership of Dr. Wang Chia-Chi, is extraordinarily active, with some twenty scientific workers fully occupied. Dr. Wang himself is a well-known protozoologist, and besides being head of the Institute, he directs the protozoology department. The head of the department of vertebrate systematics is Dr. Wu Hsien-Wen; they are concerned especially with the taxonomy of the fishes, but also study fish ecology and physiology. Thus Chang Hsiao-Wei is studying interesting adaptations to life in mountain torrents (for example, the 'stone-climbing fish'), and Liu Chien-Kang the chloride-secreting cells in the gills of the paradise fish. Dr. Chen Shih-Hsien heads the entomology department; here work is proceeding on insect systematics, physiology (respiration, excretion, stridulation, etc.) and on the control of mosquito

... amassing observations by regular balloon ascents, etc., and has an excellent library.

No less important than these institutes, and on a much larger scale, is the Chinese National Geological Survey. Its present director is Dr. Li Chun-Yü, and as the successor of the internationally known V. K. Ting (who presided over the discovery of Peking man) he has a distinguished position indeed. The Survey has three Divisions: that of Geology, which includes Paleontology, Mineralogy and Petrology, Geophysics and Seismography, and a Cænozoic Laboratory; that of Cartography; and that of Soil Science. The cartographical work (under Dr. Tseng Shih Ying) is very active, as also is the geophysical side. Here Dr. Li Shan-Bang has shown the greatest ingenuity in constructing seismographs, a pendulum apparatus for the measurement of *g*, and accurate clocks, literally with pieces of scrap metal and whatever can be got in Free China's west. He is now held up for photographic registering paper, which the British Scientific Mission (among very many similar efforts) is trying to secure for him. The paleontologists are constantly engaged in working over the very large numbers of specimens which the field expeditions of the Survey are always bringing in. Dr. Yin Tsan-Hsun described, for example, immensely rich triassic finds newly brought from Kweichow province.

The library of the Geological Survey, situated some miles away from the main building, on a hilltop in most beautiful country, is one of the largest and best equipped which I have seen anywhere in Free China.



图5-29 李约瑟在《自然》杂志发表的《科学在重庆》

（图片来自Nature网站）

舒服，而且中国人本身的幽默感和自发的魅力总是让人感到愉快。

接着李约瑟先生介绍了地质调查所，其中重点介绍了地质调查所和地震仪的制作：

中国地质调查所的重要性不亚于这些机构，而且规模大得多，它的现任主任是李春昱博士，作为国际知名的V.K.Ting（即丁文江）（他主持了北京人的发现）的继任者①，他的地位确实很高。地质调查所由三部分业务组成：地质研究包括了古生物学、矿物学和岩石学、地球物

① 由于李约瑟先生对地质调查所的了解并不全面，李春昱先生不是第一任所长丁文江的直接继任者，他是地质调查所成立以后的第五任所长。丁文江以后历任所长是：翁文灏、尹赞勋（代理）、黄汲清、李春昱。

理学和地震学研究，以及新生代地质研究。此外还有制图学和土壤科学研究。制图学工作（由曾世英博士负责）非常活跃，地球物理学方面也是如此。

李善邦博士向我们展示了制作地震仪的伟大创意，这是一种如钟摆般的装置，用于测定当地的g值（重力加速度值），以及精确的计时钟，不夸张地说这些都是用废铁和能从中国西部这片自由的大地上搜集到的所有材料制作而成的。

开创任何一项科学研究事业都一样，万事开头难。回望中国的地震科学研究事业旅程，从1920年翁文灏先生亲赴海原地震现场考察后的思考，让中国地震科学研究事业艰难起步；1930年用德国购买的地震仪建立了鹫峰地震台，中国有了第一个地震台。可是一路上仍然荆棘丛生，1937年7月7日抗战全面爆发，鹫峰地震台被迫停止工作。但中国的地震科学研究事业没有停，而是在艰难中继续前行。1943年在日本轰炸机狂轰滥炸的重庆北碚，在抗日烽火之中，李善邦等三位勇士，制造出张衡以后中国第一台现代地震仪——霓式地震仪，并建立起当时中国唯一一个地震台——北碚地震台，从此恢复了中断六年的地震观测，出版地震报告，恢复了与全世界的交流。霓式地震仪很简单，但中国从此有了自己制造的地震仪，并出版地震报告与全世界的地震台交流。因此，1943年可以被视为中国地震科学研究事业之元年。

但是，要真正建立起中国的地震科学研究事业，不是一台霓式地震仪，一个北碚地震台就可以完成的。李善邦非常清楚这一点，在得到大家一片赞美的时候，他没有因此停下脚步。因为他知道这一切只是前进道路上迈出的一小步，后面的路还很长，仍然荆棘丛生，如果不用尽浑身解数，披荆斩棘继续努力干下去，用不了多久就会被时代所淘汰。

时间来到20世纪40年代中后期，这是一个动荡、多变，却又激动人心的时代。在霓式地震仪研制成功、北碚地震台建立以后，一个个事件接连发生。首先，1945年5月8日，德国宣布投降，欧战结束，8月15日日本宣布无条件投降，第二次世界大战结束，全世界欢腾了。与此同时，北碚也发生了很多事情。

欧战结束以后，根据美国对外经济援助法案，中国可以派一批学者去美国学习，地质调查所决定派秦馨菱、叶连俊、卢衍豪、杨敬之和赵家骧等去美国学习地球物理探矿和地质学。1945年6月秦馨菱等离开北碚赴美学习。那时日本还没有投降，中国战场的战事还没有结束，从中国去美国不能横跨太平洋，而是从重庆起程，绕道缅甸、印度加尔各答，然后乘轮船经地中海、大西洋前往美国纽约。因此日本投降的消息秦馨菱先生他们是到达美国以后才知道的：

> 1945年8月15日，日本宣布无条件投降时，我和叶连俊、卢衍豪、杨敬之和赵家骧等同事在赴美学习的途中。事后接到国内去信说，8月16日晨10点钟，全国放解除警报信号（很长一声长笛）表示从今以后再不会有日本飞机来空袭了。接着大小城镇的人民都自发地上街游行。走累了就下来，另有新人参加进去，据说重庆城里游行队伍一直持续到晚十点。次日，很多人，特别是下江人把用不着的什物拿出来在街上卖，大约也是想借此筹点路费回沿海家乡。各商店也都贴出海报，为庆祝胜利大减价一个月，所以各种物价都下跌，惟有猪肉的价钱上涨，原因是很多人平常很少吃猪肉，现在胜利了，都想吃点肉表示庆祝。[①]

还有一件事是，李约瑟先生为李善邦争取到一个去英国游学访问的机会：

> 三十四年（1945年）九月十一日，应罗世培（Prof. P. Roxby）之约，

---

① 中国地震局编，中国早期地震台历史地震图鉴：第三卷 秦馨菱回忆，北京：地震出版社，2005，212页。

赴重庆胜利新村一号，为英国文化协会赠我一名教授游历名义，到英国
游历与研究之事进行商谈。罗氏是该会驻华代表。缘两年前英国派李约
瑟来华，办中英文化合作馆，曾数度来北碚，参观余手制之地震仪……
彼遂自动向伦敦请求邀余赴英国观光。后李约瑟回国，罗氏接办。

　　会谈结果，余要求延期至明年赴英。允即为余电请余并暂定到剑
桥，请李约瑟先生帮忙……

　　当晚即回北碚，函古登堡告知此事，去否未最后决定。盖恐明春
复原未竟，不能离开，且海昭有喜，亦未便分别。[①]

1945年9月李善邦收到英国文化协会的邀请，邀请他赴英国访问游学，
李先生愉快地接受了邀请，但不能马上离开赴英。出国学习这无论对于李善
邦还是中国的地震研究事业都是一件大好事，所以他肯定非常高兴接受这次
邀请；另外李先生还有一个自私的念头，抗战胜利不久接到父亲去世的噩
耗，根据家乡的传统，父亲的葬礼必须由儿子承办。李先生家只有两个儿
子，大哥1931年在他去日本留学时去世，所以为父亲下葬的责任就落在李
先生身上，但李先生哪里有钱回乡办葬礼？于是把出国的费用省下来为父
亲下葬，这个自私的念头，也是让他接受邀请的原因。但李善邦为什么没有
马上答应呢？我们来读一段他的记事本：

　　（1945年）八月十五夜，无线电传来日军投降消息，我们最后胜利
了，一时十分兴奋……至三十五年（1946年）春……高振西派赴北平，
李庚阳所长亦先赴南京，所中各事交余办理，繁忙之至。余此时吐血
尚未痊愈，在勉强支持中，又接到广东来电父亲逝世，一时悲痛欲狂
（接到父亲去世噩耗应该是1946年初）。各项事务安排安定后，费尽心
血与民生公司订立合同，言定优先拨船为调查所运输。共有书籍标本

---

八百余箱。合同签订后，余亦于六月四日赴渝，接洽飞机，借British council职员帮助，始获于十三日离渝。计共住于北碚者七年有半，今告别矣。海昭此时自隽荣（李先生的三儿子）出世后，身体渐好，约定余先到京（南京）布置住处，她与家人由镜荣照料，坐船东下。①

安排地质调查所复原回南京，是李善邦不能马上答应英国邀请的主要原因之一。此外还要更重要的原因，那就是他精心孕育出来的，像自己孩子一样的北碚地震台。北碚地震台从1943年开始运行，很多问题尚未完全解决。如今抗战胜利了，整个地质调查所要搬回南京，北碚地震台也要随地质调查所搬去南京。在地震台没有搬到南京以前，就像父亲不能离开孩子一样，怎能放下地震台自己去英国？

关于北碚地震台搬迁到南京，根据《中国早期地震台历史地震图鉴》记载"抗战胜利后，北碚地震台迁回南京。1946年秋，Ⅰ式地震仪（即霓式地震仪）安装在南京珠江路942号（现为700号），重建地震台，命名为中国南

图5-30　南京珠江路942号（现700号）地质调查所大楼

（詹庚申先生提供）

① 李善邦记事本，私人收藏。

京水晶台地震台，隶属前经济部中央地质调查所。"① 不过刚刚建立的水晶台地震台除了安装好霓式地震仪，其他一切皆要从头建立。李善邦先生在记事本里也有几段记载：

### 李善邦自传

　　首先以恢复地震观测为目的，在珠江路所内，将废油池改建为地震仪器室，装置自北碚运来之震仪，建立南京地震台。又由秦谢二君负责代修原设于北极阁气象所之地震仪，使恢复记录。

在李善邦先生的《六十生辰回忆》里他这样写道：

### 六十生辰回忆

　　情势尚未到了极坏，还能做些工作。赶忙设法恢复工车间，陆续修复了几套机械记录地震仪，建立起南京地震观测基地。同时托人在北京搜录前在鹫峰的设备，结果获得若干加利清地震仪部件，虽然残缺不全，但它是高级仪器，仍决心把它修好。②

**图5-31　废弃储气池里的水晶台地震台**

（詹庚申先生提供）

---

① 中国地震局编，中国早期地震台历史地震图鉴：第三卷，北京：地震出版社，2005，105页。
② 李善邦记事本，私人收藏。

为整个地质调查所复原回南京忙碌和把北碚地震台搬到南京，是不能马上去英国的原因，除此之外还有一个原因，那就是李善邦先生自己的身体。前面可以看到，他说自己吐血尚未痊愈，这是怎么回事儿呢？咱们来看1944年初的一篇日记：

> 33年（1944年）1月16日
>
> 本星期全部时间用于整理仪器，又吐血数口，晚上工作甚弛，同时强荣（二儿子）大衣一件，海昭不能做成，又为之忙了几晚。诸多耽误，心中虽苦而又难言。
>
> 本年度工作奖金五千一百元，遇旧历年可稍舒松。①

从1930年开始，奔波忙碌于鹫峰、日本、美国、德国、水口山、綦江、西康、攀枝花、北碚等地的李善邦，怎么一下子就变得如此衰弱，吐血了呢？关于自己的身体，李善邦的记事本里有一篇文章《疾病》，专门写了他自己的身体情况。他说在国立东南大学读二年级时即曾染上肺病，算命先生说你得去北方工作，否则会死。果然1930年李善邦来到北平鹫峰地震台，病似乎真的好了：

> 一九三〇年离开家乡，此后生活于北方，气候对肺病有利。果然应了算命先生的话，渐渐精神体力，日益健壮。肺病已消灭于无形。当我患病时，人皆认为不容易好，甚至说我要死去。犹记得一九三〇年来上海学习地震，当春光明媚之日，与朱任宏、曹昌贤（可能是老乡）同游西湖，遂演了一场悲喜剧。当我们到了灵隐寺，方下汽车，一个青年急步前来，握住我的手，半天重气地说出一声："李先生"。细认是我的一个钟英（1926年李先生在南京东南大学毕业以后，曾在南京钟

① 李善邦1938—1944年日记，私人收藏。

英中学教书）学生。我呀的一声说："不料在这里看到你，毕业后怎么样了？"奇怪他竟然说不出话来。好一会才说："已大学毕业了。"他的旅伴急急催他上车，最后他才说："人说李先生死了！今见着你欢喜极了！"然脱如小鸟飞往就伴。我疑立者久之，然叹一声："原来如此！"可惜现在记不得这个学生的名字了。

以后由于健康没有问题，便不大注意生活上的规则，体操锻炼和冷水浴也停止。渐渐地容易伤风感冒，在鹫峰时有一次进城里面来，风大路长，一路坐着洋车，冻得太苦，到家后又不小心患了大伤风，很难过，就煮了一杯姜汤，喝了下去，觉得暖和些。及早上起来口干痰结，用力一咳，咳出一团血，色紫红。大惧！不敢动，急躺下静养，后亦不再有血，伤风亦好了。抗战开始后，逃到重庆，时值秋末，烟雾蒙蒙，空气非常潮湿，很不习惯，常常感冒咳嗽。久之咳出血来，急找医生诊治，云是嗓子咳破，没有关系，不久也好了。虽然如此亦未曾引起特别注意。此后生活日益穷困，在最艰苦的时期，总算顶过去了。到一九四四年后，生活情况逐渐好转了些，反而垮了。在四五年一年中，不时吐血，此时患肺痨病者很不少，其倒在床上讲求修养的，常常因此就此起不来了。我那时意志非常坚决，绝不让倒下，竭力支持住。经过检查，云肺的有病部分还不大，我便仍照常工作，同时还在江苏医学院兼课。不作任何休息的打算，吐血时我把血咽了，不让家人晓得，自己亦不去计算到底出血多少。就这样蛮抗下去，亦能吃能饮，精神还好，只是走路稍快时，即喘气。一直到一九四六年夏复原到南京，到上海大医院去检查，医生说我的肺上病灶已成了大洞，左右肺部都有，已是第三期肺病。这才使我冷了一节。久之，又打起精神，细想怕不会吧！我能食能饮，精神也还不错，且很久不吐血了，可能诊断不确实。遂又坚强起来了，也没有去治疗……①

---

① 李善邦记事本，私人收藏。

这些就是李善邦没有马上答应去英国的所有原因。

前面李先生在记事本里说，1946 年 6 月他先行去南京，安置地震台及各种事宜，和妻子"约定余先到京（南京）布置住处，她与家人由镜荣照料，坐船东下。"就在李善邦与家人暂别的那段时间，一件事情发生了。什么事情呢？李善邦离开以后家里遭了贼！

不过，在北碚李善邦家遭贼已经不是第一次，如今在北碚档案馆里有一封 1944 年，所长李春昱写给北碚管理局的信：

> 档案号：00810004029140000022000
> 1944 年 5 月 23 日致卢子英
> 迳启者：
>
> 　　本所技正李善邦家住本市朝阳镇十九号，突于昨（廿二日）夜被窃，损失甚多。计失去皮箱两只，内盛小羊毛衣及冬服多件，大旗袍三件、衬衣、短裤及其他夏季内衣各件，及条子哔叽西服一套，内挂本所徽章及自来水笔、自动铅笔。相应函请，迅予缉捕窃犯归案，追偿损失，并赐复为荷。此致北碚管理局。
>
> 　　　　　　　　　　　　　　　　　　　　　所长李春昱

这是 1944 年地质调查所所长李春昱先生写给北碚管理局的报案信。而 1946 年复员回南京以前是李善邦家第二次遭贼了。不过如俄国诗人普希金诗云："过去的都将变为可爱。"很多年以后，这次遭贼的故事，便成为一家人笑谈的话题之一。关于这次家里遭贼的故事，李善邦夫人是这样讲述的：

> 你爸爸走了以后，我们收拾好行李等船的时候，晚上就害怕有小偷来。结果有一天晚上，果然听见门外有声音。我想肯定是贼来了，怎么办呢？于是我就大声地喊，丽丽啊（丽丽是大女儿，那时她已经上高

中），你去厨房看看，是不是猫把东西打破了？李夫人接着说，我喊完以后，只听到贼慌乱地跳窗跑了。早上起来查看了一下行李，没有丢什么。

其实李春昱所长报警的那次，丢的东西也不值多少钱，不过是些旧衣物。从李春昱先生列出的单子看，除了三件旗袍和哔叽西服可能是从北平逃难带出来的，其他小羊毛衣及冬服多件、衬衣、短裤及其他夏季内衣等，都是李先生在重庆用粗布，利用读书时间给孩子缝制的，小羊毛衣是李太太织的。尽管不值钱，却都是生活必需品，再添置又需花不少钱。而复原回南京以前第二次被贼偷，好在李太太机智，吓跑了盗贼，没丢东西。两次遭盗贼，虽然让一家人很受惊吓，但总算是有惊无险。

不久回南京的客轮到了。从重庆去南京，先要从重庆穿越当时还属于天险的长江三峡，穿越三峡的客轮都是比较小的轮船，过了三峡到武汉，才换大船去南京。那时，李善邦的三儿子刚出生不久，李太太抱着婴儿在船舱里基本不能动，于是她就把其他孩子交给了陪同他们的李善邦先生的侄子李镜荣。侄子怎么可能管得住几个半大小子和半大丫头呢？当过了三峡船到了武汉，大家都下船换上大船以后，地质调查所另外几位太太跟李太太说：李太太啊，你们家上辈子肯定是积了大德的哦！这一路，你的几个孩子在小船上上下翻飞，到处乱跑，只要一个不小心，肯定会掉进江里一个。我们又不敢告诉你，怕告诉你，你带着婴儿也出不来，反而会更着急。可一路坐了两天的船，孩子们都安全无恙，如果不是上辈子积了大德，怎么可能一个孩子都不出事儿呢？

从武汉到南京的船就大多了，孩子们可以在船上尽情玩耍了。一家人有惊无险地回到南京。回到南京以后又遇一惊！怎么回事儿？李太太和孩子们回到南京之前，李先生正在上海办理去英国的各种手续：

忽接南京电告，海昭及家人不日可到，心中一喜，当夜逋返南京，至则志甫（罗志甫，1898—1998年，李善邦老乡，历史学家，北京师范大学、厦门大学教授，哲学系主任）高卧于余之床上，相见甚欢，忘却一切。翌日至下关候接海昭，沿江岸探问数小时之久，不见踪影。饿极至一饭馆，吃锅贴十个，甚不清洁，急归。途经新街口，无聊中购几件家物，不料行至调查所，海昭与六个儿女即在余房中，喜出望外。[1]

一家人终于在南京珠江路团聚了。

1946年夏天，地质调查所的复原工作完成了，一家人也在南京团聚了。不过抗战刚刚结束，百废待兴，地质调查所恢复研究工作的资金迟迟不能到位，恢复地震台的工作尚无法开展，于是安排好让秦馨菱、谢毓寿先生修复仪器，李善邦便启程去英国了：

当初回到南京时，忙于安置，一时无工作可做，遂决定接受英国文化委员会的邀请到英国去观光一年。身体很坏，可以借此修养……一九四六年八月，经香港坐了五天飞机到了伦敦。[2]

图5-32 赴英前在香港九龙机场

（私人收藏）

---

① 李善邦记事本，私人收藏。
② 李善邦记事本，私人收藏。

这次英伦之旅由于比原定行程推迟了一年，李善邦被安排到另一个由英国文化委员会邀请的旅行团，这个旅行团有十几个人，其中有教授，有学生，还有孩子。

那时候从中国坐飞机去英国不是10小时左右，而是好几天，一路上异国风情、丰富多彩。李先生在记事本里记录了这次旅行的点滴：

## 赴英途中

民国卅五年（1946年）八月廿三日至廿八日

无分教授与学生，英文化委员会给每人英金十镑，为沿路打赏茶房等消费之用。所乘飞机非BOAC之客机，乃一澳商包来的军用飞机，设备很不好，第一次向英伦飞行。机小为战时运输机所改造，殊不舒服，惟沿途可以借用BOAC之站，食宿等费概由公司负责。当余在上海候机时，由柱臣先生介绍认识介垚先生，伊本与丁文江先生善，对地质调查所事业甚为热心，与余一见如故，谓余之以教授名义出国，衣服宜稍之注意，盖当时余仍衣十年前故物，因此硬要余接受二百元美金借款，事实余并不须用，由于盛情难却，只得受之……

廿三日早七时四十五分，飞离九龙机场，至十时五分，下望海中石笋林立，形似海防（越南城市）海口，盖余曾乘轮船经该处两次也（1936年从德国回来和1937年从这里去北碚）。自空中视之更为奇观。久之降落，果然是海防。飞机在此降落加油，余等皆下飞机，见机场设备十分简陋，此时由法人管理，言语不通，同机中只是飞机主人之妇略通法语，然亦不能达意，又不用外币，各人只喝得白水一杯。十一时半起飞须向西行，每人发一纸盒，内三明治两块，鸡蛋一枚，蛋糕一块，水果一二以作午餐，另有咖啡与饮料。下午一时飞越缅逻交界，因高山，飞机升空至高（约至五千尺），余觉全身困乏无力，心头作恶，伏于座上，不敢少动，身感之苦有不能形容者。同行中吐者昏者甚多，几无一人平安，伍启元（1912—？我国著名经济学家，1946

年赴英国任伦敦经济学院教授，1947年开始在联合国工作，1972年退休后任纽约大学教授）之小孩儿尤为危险。如此约一小时，至五时半达缅甸西岸 Akyab（实兑，缅甸西海岸港口）降落填油。下机后犹感不甚愉快，耳失聪且痛，一步一颠奔至一茶室小憩。此是战时开辟的机场，在森林中，雨水很多，非常潮湿，飞机场铺着有洞的钢板，以防陷没。茶室很简陋，饮食亦劣。再起飞抵 Calcutta（加尔各答）已下午八点一刻（当地时间六点三刻），共飞行十一小时，同人皆困之不堪，即入城至 Abebomda 旅馆过夜，因天已黑，沿途所见甚少。只见马路旁边有些小屋，一灯如豆，几个印度人抽着管烟，促膝谈话。旅店很现代化，是 BOAC 航空公司的招待所。住定后晚膳，饭毕须给小费，每人约二安那。余等十一人赏给较丰，侍者甚欢。

廿四日早四时半（当地时间与上海差一小时半）即催起床，侍者送来面包两片，茶一小壶作早餐，五时由旅馆出发，天尚未明，汽车行疾，黑来黑去。到加城实无所见。七点一刻起飞，至十点十五分至 Allahabad（印度城市阿拉哈巴德）降落加油，即在此午餐，今日飞行平稳，沿途下望，田园景色均佳。盖经过之地多属印度富庶之区也。午餐后继续飞行，所过多不毛之地，下午五时二十分（当地时间四时二十分）抵 Karachi（卡拉奇），乃巴基斯坦京城，亦是一港口，战时资助我国的物资多由此进口转运。气候干燥，住于 Palace Hotel，尚整洁舒适。天尚明朗，与曹天钦（1920—1995年，我国著名生物化学家）等出街上闲逛，因马车索价甚高，步行一节，未至市中心。看到街道殊不清洁，毫无兴味，遂归。

廿五日早一点半（当地四点）即催起床，天未明即起飞，在空中犹见K城灯光点点，旋即消失，下望海水茫茫，十时一刻到 Sharjah（沙迦，迪拜和阿吉曼之间的一个阿拉伯酋长国首都）降落加油，复前进，至下午一时十分，抵伊拉克之 Basrah（巴士拉），即古之巴比伦。立于河边凭吊一回，即在此午饭，续向前飞，过沙漠，下望皆块块顽石，色暗红，无草木人烟，傍晚飞过耶路撒冷，始有些耕地，旋至Hydda（特拉维夫附近城市）降落，在此住宿，此地属巴力（勒）斯坦，犹太人的新建国。自飞机场至旅馆，沿途所见田园垄亩十分整齐有则，果木成林，景象茂盛。犹太人曾说："予我沙漠，我能翻作良田。"此语不虚。至旅馆天已将黑，旅舍是新建，主人为德籍犹太，建筑很新式，但不脱犹太人习气，布置过于经济，房间甚小，特别是淋浴室小至难于自由转身，但伙食尚佳。曾与曹天钦等上街观光，路上所见全是白种人，市容与欧洲无异。

廿六日早六时一刻（当地时间已与上海差五小时）起飞，飞行至希腊京城雅典上空。风甚大（时速50英里）飞机颠簸殊甚。十一时四十分降落。即在机场餐室午饭，并购了一些古迹照片。雅典为古之名城，周围山间尚不少古代建筑残迹，白色大理石巨柱及门窗等物，尚历历可见。惜今已不振，人民生活甚苦，一盒香烟可换到不少东西。午饭后继续飞航。过意大利俯视山川甚为美丽，当飞过著名的Vesuvius（维苏威）火山时，如见一幅图画。下午五时到达罗马上空，战时炮弹遗穴犹历历可数。被炸毁之房屋亦多未修复。此时天气已变大雨极甚，原定飞到马赛的旅程，临时改在罗马降落过宿。

本来第四天计划是到马赛，因为天气原因临时改在罗马降落并过夜，这个临时改变，让李善邦一行在罗马度过了美好的一天：

下机后进城，途中看见古罗马的引水道，高筑如堤防，自山间蜿蜒入城。及至罗马城临时找不到合适的旅馆，不得不分居两处。余等七人住于English Hotel，旅店虽不大，尚清雅可居，住定后，即在附近找饭吃。旧闻意大利面、酒、水果甚有名，都想尝尝为快。因不熟悉道，只找到小饭馆，已无名品，酒亦甚淡，不获一醉为憾。翌日一早到机场，因天气不宜飞行，无人值班，又返回旅馆，决定留罗马一天，皆大欢喜。上午与罗、吴二君雇一汽车，至圣国（罗马城中的一国）梵蒂冈。参观著名的 St. Peter（圣彼得）教堂。此教堂的图彩多在书上看见，今日亲历其境，果然建筑辉煌，在门口遇能操英语的向导，引吾人参观，并略略讲解教堂历史，建筑极精致讲究。每一部分都是著名的艺术家所设计，雕刻尤为精良。内有贡品陈列室，因梵蒂冈是统辖全世界的天主教中枢，各国都有进贡。满堂金玉袍褂，每逢教皇登坛说道，取用一件，用毕又还归原处。旋出教堂至罗马法院一观墨魔禁闭处，墨索里尼在此为人民处死。后又至古罗马斗兽场，沿路许多商贩追求吾人买小纪念品，我等虽买了一些装饰品，质量甚劣。到了斗兽场，已毁坏，可想见当年建筑极好，斗兽场及围座尚大部分保存。我等在内站立了一会，就可想见当年场上狮子吃人，座中欢声震耳之惨剧。出场后又闲逛一会，即返寓。中午驻意使官闻我等在此逗留，派秘书来招待，并共进午餐。餐中有蛤蜊作小吃甚新鲜可爱，秘书诚我们勿吃，恐有寄生虫，我虽然很想一尝，亦只好遵诫放弃。下午又雇三辆汽车，由使馆人员引导，漫游罗马城。古城区街道狭小，多用卵石铺道，雨后多泥浆。各处看见很多古代人体石像，雕刻精良，可惜皆断头折臂。再登梵蒂冈瞭望全城情况。又下至 St. Peter 教堂，适逢星期日，且是一个纪念节日，教皇将出来礼拜。此是难逢的机会，同仁皆想一观其盛。行至门前，不似上午可以自由进去，已设有守卫，个子比一般意大利人大得多，非有记者不得入。吾等经使馆人员介绍，亦允许进观。至则观众已满堂无隙地，余觅得一较高、勉强可以立的位置站着。约五时许，教皇乘肩轿而来，欢呼雷动，手拿小筒，其中似有水，左右拂动，为两旁信士洒法水。慢慢抬向前面，登堂上坐，此时欢呼转为嘈杂，但见一片人头蠕动，看不清听不见。乃相约而归。廿八日早七时（当地时间）离罗马起飞，十一时十五分抵马赛。在机场午饭，十二时半继续飞行，下午五点半抵伦敦机场……①

---

① 李善邦记事本，私人收藏。

李善邦先生这次赴英国的飞行，花了5天时间终于平安到达伦敦机场，一路飞越了缅甸、印度、巴基斯坦、伊拉克、以色列、雅典、罗马、马赛，飞越了北部湾、孟加拉湾、阿拉伯海、地中海，还在罗马看见了教皇，不可谓不丰富、不精彩。那么李先生这次英国的游学之旅怎么样呢？我们继续读记事本：

> 初到伦敦但觉城市很大，人很多，不知身在何地。购一张伦敦地图来看，方知所住旅馆离市中心商业区不远。据说伦敦人爱面子，以熟悉街道为荣，街上不取地图来看。我等愿当傻子，看图走路。伦敦街道不宽，车辆很拥挤，公共汽车分上下两层，很高，走得慢。初看有倒翻的危险。住在招待所数天，办理居住等手续。在警察局登记时，英文对于我们的姓名读法，不知如何是好，竟写成三样：李善邦、善邦李、邦善李，殊令人发笑。又问我信什么教，我说不信教，又很奇怪，硬派我是孔子教，一方一俗，这亦难怪……
>
> 此行最为奇怪的是，没有使用到健康证书，一路只问是否种痘了，早知如此，何必在上海费那么大事！我国之糊涂官吏，全不了解实际情况，殊可叹也。[1]

李善邦这次去英国访问游学的目的地是剑桥大学，剑桥应该是所有科学家、所有从事科学研究之人的圣殿。这里曾经走出过吉尔伯特、培根、牛顿、卡文迪许、达尔文、波尔、奥本海默、图灵、李约瑟、霍金等大科学家。李善邦初到剑桥，对一切都充满了好奇，他在自己的记事本中写道：

> 剑桥为一小市镇，剑水（River Cam）从中流过，河宽仅一二丈，剑桥大学的各部分，建筑于河之两岸，有桥相通。大学名剑桥，并非无

---

[1] 李善邦记事本，私人收藏。

因。剑桥大学早在十二世纪就有，而各学院（College）则在十三世纪之后陆续成立。大学与学院是一体的。但这里称为学院的性质，与别的国家所谓学院不大相同，它不是教学的场所，而是读书食宿的地方。大学负责教学亦分科系……十八个学院中以 Peterhouse（彼得豪斯）学院为最老，创立于一二八四年，最大而最负盛名者为 Trinity College（三一学院），英国大人们，如牛顿、张伯伦等，多出身于此学院。建筑最新式美观则为 Queen's College（女王学院）。各学院的建立，皆由私人捐助，因之各学院的管理机构亦各有不同。但对学生的要求严格则是一致的。各学院均有礼拜堂、图书馆、膳堂及交际室。宿舍则大小相当悬殊，讲究者一人占有三间：卧室、书房、烧茶室，小者则仅一小间。因之纳费亦各不相同。各学院除院长（Master）外，设学监管教学生的行为起居，宿舍不准招待女宾。学生外出必须十时前归来，过时处罚。学院四围栏围周密，学生无法越墙出入。学生毕业后，永远属于本学院成员，随时可以回学院居住，称为 Fellow，可不受学监管束。此外有膳食官专管伙食，食堂分两等，堂之一边有形似戏院里的舞台，台上设先生及 Fellow 席，台下为学生席。用膳时击磬为号，学生先入席，先生在后。当先生来时，学生皆起立，候先生坐下，然后坐。此时学监起来领祈祷，然后侍役方上汤菜，方行用膳。Bullard（布拉德，地球物理系副教授）曾请我在他学院晚膳，看到这种情况。心里奇怪，为什么英国人还保留着这个老规矩。

剑桥大学的教学是导师制，每一学生有固定的导师管教其学业。学生除在课堂上课外（功课一般不多，所讲亦多是大纲，不大涉及具体问题），每一至二星期，须见导师一次，见时必须有书面报告，汇报这段时间内的学习情况，并提出问题讨论。[1]

---

① 李善邦笔记事本，私人收藏。

图5-33　李善邦在剑桥卡文迪许实验室前留影

（私人收藏）

　　李善邦这次赴剑桥大学的所谓访问游学并没有具体的学习计划，而李先生心里装的都是地震台和地震研究，任何对地震台和地震研究有用的，都是李先生梦寐以求的。因此他在英国的所有活动都围绕着地震这个主题。

　　此次来英国并无做学习研究计划，到了剑桥住定后，即与剑桥大学地球物理系联系上，Jeffreys（杰弗里斯）不常来，主要教师是Bullard（巴拉德）和Jeffreys B. C. Brown（即杰弗里斯）。因此与Bullard来往比较多，后来遇到Lapwood（赖朴伍德E. R. Lapwood，1909—1984年，国际著名英国地球物理学家，数学家），他是数学家，曾任燕京大学理学院长。现跟Jeffreys做研究。他对中国情况颇熟悉，中国话很好，因此常到他家作客。当Jeffreys开课时，亦去听了几次。他不会教书，声音很小，内容都是The Earth（地球）一书。此外常在哲学图书馆查阅文献，在那里遇见很多教育部派来的进修教授，他们钱很多，生活很舒服，不进学校，只是自由地看看书而已。抵英后不觉得有病，饮食睡眠都好，心情亦宽，但仍很谨慎以休养为主。直至过了年，才计划访问参观。其时Needham（李约瑟）亦回到剑桥，谈到巴黎将开地球物理及大地测量会，想去参加，他说为我搞些旅费，后来没有弄成。我很想到欧洲大陆访问，旅费并不多，因念念不忘要省些钱回乡葬父亲，遂决意不去，殊觉可惜。

一九四七年二月开始参观访问，首先到 Kew 观象台（中文译作矫天文台），二月十一日赴伦敦，抵利物浦车站，遇见龚建章（1911—1982年，广东老乡，著名寄生虫学家）……Kew 观象台地震部主任带我参观。仪器室设在地下，装有旧式加利清、Wood-Anderson（伍德-安德生）及自制垂直向一具。所用天文钟十分精致。后观其记录极平滑，无外来干扰，特别自制垂直向仪器为好。大战时飞弹爆炸的记录，保存得甚好。一切工作由 Beer（比尔）自作，只一女书记帮忙。遂后引我到 I.S.S（国际地震汇编）办公室，（该组织）方从牛津迁来不久，现由 Jeffreys 领导，借观象台地方工作。目前正计算 1937 年报告，余趁机告以战时地震报告遗失，请送我一份。当事人亦很客气，检齐全份径寄南京……

翌日到地质调查所参观。该所在伦敦自然博物馆楼上，所长 Mc.Limlock 与余谈论地球物理研究情况甚久，后副所长 Dr. Phemister 来接待……引我至帝国学院（Imperial College），见 Bruch Shaw 教授，他还相当年轻，（是）从前翁文波的导师，现在该校物理系教地球物理，率一班学生研究电测方法，设备简陋。给我看了其最近所作地探测旧河床的结果，及测定岩石磁性的仪器。据云该仪器可在数分钟内得出结果，其法将立方形标本置于平衡的磁场中而量其变值。最后看到英国制的磁秤。

四月参观访问英伊石油公司物理探测队。这是一家英国有名的大企业，业务在伊拉克，故称英伊石油公司，规模很大。二月间由 Bullard 介绍，因天气不好延至此时才去。到伦敦至该公司找着 Mr.Tarramr 及 Dr. Davis，当说明来意后，即带余看其正拟使用的 Fost 重力仪的模型及设计图样，并约定明日赴 Thame 参观重力探测队工作。

英伊公司的物理探测队，主要是为阿拉伯伊拉克一带石油业服务。

由于战时海运艰难，在英国本部进行了探测，居然找到一小油田，给予极大鼓励。因此该公司作了大规模探测计划，用所有物理探测方法，普查全英土地。此时正在热烈地进行着。我于四月二日由Mr. Tarramr陪伴乘火车前往参观。重力队队长Rochelle在车站接着我们，即驱车约行七十哩至Thame。中饭后，Rochelle将其所用的重力仪，给予讲解甚详。并将其工作计划及已测量的结果见示。然后引我登其仪器车，同作四个观测点。仪器置于一个装有弹簧的保险袋中，车行时袋亦摇动，但不伤仪器。最怕是受到撞击，则至少须待两小时后重力（弹）簧始得复原……

翌日再度到队办公室，索阅其观测结果，并请教Wood关于低周波放大技术。彼毫无保留地为我绘图讲解，惜余无线电知识不够，没有能系统地明了。彼曾在美国学习，约与余同时，现正设计折射地震仪。随即带我到其工场车，上去将地震仪拆开，说明其构造原理。又拆开Stove设计的地震仪，亦告我构造原理（现已交厂家制造），一路言之甚详，毫无保留之情，亦属难得……

此外在剑桥还参观了剑桥仪器制造所。该所以制造精密仪器著名，规模不大，工人皆经过选择。其制仪表部工人，样貌很高级，每人有一工作台，形似书桌。观其举止形容服装，与大学生无异，想必待遇很好也。①

此后，李先生又去了牛津。牛津大学和剑桥大学不太一样，剑桥大学是出科学家的地方，牛津大学则是出思想家、哲学家的地方。牛津和这次游学无关，李先生为什么还要去呢？他是去看朋友：

此地与剑桥同以大学著称，剑桥以理科闻名，牛津是文科著称。同样是古色古香，惟学院似皆比剑桥大。旋至著名拜耳诗人石像前凭

---

① 李善邦记事本，私人收藏。

吊一回，又到 Queens 学院见及杨珠汗君，亦是同机来英学习的。游览后旋至蒋君寓所，谈论古今及彼此志向。[1]

李先生来牛津，就是来看望这位蒋君，蒋君是谁呢？他是蒋彝（1903—1977年，被称为"中国文化的国际使者"），他是李先生在东南大学读书时的同学。关于这个同学，李先生记事本中有一篇："到牛津会蒋仲雅"：

> 蒋彝是我大学同班同学，他学化学，当在南京成贤街宿舍里我们的住房是斜对门，时相过从。来英后方知其尚在英国，一别数年，时思一见，遂决定赴牛津一行。[2]

原来李善邦去牛津是去看多年不见的同学。蒋彝出身江西的官宦人家，毕业以后蒋先生回江西老家当了县长。

> 犹忆蒋彝出国时，余在上海遇着，他向我诉苦，说官不做了，愿一走了之。[3]

蒋彝对庸俗的官场不感兴趣，离家出走了。此时在英国再次相见，蒋彝在英国住了一阵子，已经从一个穷苦潦倒的补习中文的老师，逐渐成长为一个小有名气的作家。他怎么成作家的呢？

> 谈到当年来英，原是想搞块留学招牌，一半年后即回国。无奈床头金尽，不得不设法谋生。初为人补习中文，每星期只赚得一镑，几个铜元朝不保夕。后逢伦敦开中国画展，其本能画亦会作诗词，遂被

---

① 李善邦记事本，私人收藏。
② 李善邦记事本，私人收藏。
③ 李善邦记事本，私人收藏。

邀帮忙，写说明书。书中涉及中国画的特点，英人很赏识。从此开始
学写作，文中多以中国味，以博英人之好奇心。从此苦斗十年，抛妻
舍子，现在总算站得住脚……①

这次两位旧友在牛津重逢，非常高兴：

> 游览后旋至蒋君寓所，谈论古今及彼此志向。谈到彩色图书印刷
> 时，甚感兴趣。因我近来感到生平抱负，已无施展的可能，生不逢辰，
> 叹"一事无成，两鬓斑"，愿学英人赫胥黎，宣传科学，待儿女成年后，
> 迁于乡间，开一书店，设置印刷机，自编自印，廉价出售。宣传科学
> 知识以乐余年。喜得蒋君亦有此志，遂约定我回国后，彼此合作，向
> 这一方面努力。②

此后，蒋彝先生后来成为一位很受西方人尊敬的学者，被选入英国皇
家艺术学会会员，美国哥伦比亚大学终身教授，美国科学院艺术学院院士。
他相继出版了很多图文并茂、介绍中国等国家的《画记》，其中包括《哑行
者画记》《湖滨画记》《战时画记》《约古郡画记》《伦敦画记》《都柏林画记》
《爱丁堡画记》《牛津画记》等等。这些画记不但传播各国的风土人情，同时
还传播了科学知识。大约20多年后的1970年代，蒋彝先生回国，两位先生
在北京华侨饭店再次相聚。这次，蒋彝先生给李先生带来了几部他写的《画
记》，而当时李先生正在撰写《中国地震》。《中国地震》于1981年出版，此
时二位先生都已仙逝，二位先生各自都实现了他们的赫胥黎之梦。

关于写书宣传科学这件事，李善邦在一篇写于1949年5月的记事中这
样写道：

---

① 李善邦记事本，私人收藏。
② 李善邦记事本，私人收藏。

余所注意者只有科学工作，除致力于地震问题外，尝立志推广科学智识于群众，慕赫胥黎等为人。最近一次游历欧洲曾广泛地搜罗最近出版之通俗科学图籍，准备在科学研究不能做时，开书店，兼印刷宣传科学以终老。[①]

就这样李善邦在英国马不停蹄地参观学习访问，也许是因为过于疲劳，五月份突然患了急性阑尾炎：

五月间患盲肠炎，割治后休息匝月，不能活动。七月便离英回国，因此所见不多。[②]

图5-34 在英国买的著名科学史家丹皮尔的《科学简史》

（私人收藏）

李善邦在英国一年的游学之旅很快就结束了。回顾这次英伦之旅，他1946年10月到达伦敦，很快就去见了剑桥地球物理系的Jeffrey's、B. C. Brown、lapwood等教授，进行了广泛的交流，其他时间便在哲学图书馆读书，并遇见不少中国学者。后又赴Kew观象台、伦敦自然博物馆、地质调查所、英伊石油公司物理探测队等参观学习。虽然像他自己说的那样所见不多，但看到的每一个项目，对于他来说都是全新的，而且英国科学家都毫无保留地、详细介绍了他们所有的设备和技术，这种精神是十分难能可贵的。

---

① 李善邦记事本，私人收藏。

② 李善邦记事本，私人收藏。

不过李善邦也知道，如今的英国刚刚经历"二战"战火的摧残，就像他参观地球物理研究所说的，英国教授带学生做研究所用设备都很简陋，所以李善邦还要去做一件更重要的事情：

> 一九四七年七月准备回国，一心想恢复地震研究室（此时已改为地性研究室，包括地理探测）工作，要求翁文灏协助购置一些必要的仪器，遂取道大西洋经过美国……①

1947年7月李善邦先生回国前请求翁文灏，希望趁这次赴英国游学的机会，回国时绕道美国，购买一些地震台急需的仪器。翁文灏很快批准了李善邦的请求，于是李善邦开始了他从英国乘船横渡大西洋到美国，再在美国想办法购置一些必要的仪器设备，然后从美国西海岸乘船，横渡太平洋回到中国的漫长旅行：

> 坐的是加拿大公司 A Quitania，约四万吨的大船，开往加拿大城市 Halifax（哈利法克斯），仅四天到达。在英国时食物很受限制，一到船上就不同了，美洲式的供应，量多品类亦多，吃时没有什么限制。去美国的旅客照例都要种痘，我出国时已种过，在船上要求再种，又只好种了一次。不料忘了取得痘证，到上岸时一看痂已脱，检查者咬定我没有种，一时难说明白。因我是头等舱客，只鼻子扭了几下，放我过了。港口是个不大的城市，亦相当繁盛，气候很冷凉，在此登火车到纽约。铁路沿海边走，但见河山如画，甚为红印度人（即印第安人）惋惜。车到美国的关口 St. John，即有移民局的人来检查登记。在这里对东方人比自西岸进口为松，因这里习惯于对付欧洲客人。比较客气，但亦耽搁了约一小时。在街上观光，小地方无可看者，在车上须

---

① 李善邦记事本，私人收藏。

过夜，我买的卧铺，与另一英国客人重号，服务员是黑人，判定我的票是对的而怀疑英人的票不符合手续，竟不予接待。那英人大气，扬言要向上级报告。战后英国已屈居于美国之下，黑人所以敢如此，但若反映到上级，黑人亦怕，最后还是向英人道歉了事。到波士顿下车，找到张宝堃（气候学家，中国现代气候学奠基人），并住在他那里。在波士顿参观了麻省理工学院及哈佛大学，当到哈佛大学时径至校长办公室接洽，很客气，表示可以满足我的要求。时值暑假，实验室主要人员都不在，首先到著名的高压实验室，由 Bridgman（布里奇曼）[①] 的助手带我等参观，设备很不复杂，高压由杠杆机械产生。高压室藏于 Carbyde 做的壁很厚的小罐中，此外没有别的特殊设备。因 Don Leet（地质学家）不在，没有去参观其地震台。随后到麻省理工学院参观电子计算机，三个房间全装着机器，一排排如书库的书架，很多形似继电器的东西在动，技术员为我一一解析，可惜没有领会多少。只听见滴滴哒哒响声而已。旧闻哈佛有一个艺术陈列馆，玻璃作品极佳。乃与张宝堃同往。确实不错，玻璃吹制成虫鸟花卉，形态很生动，颜色如生。在波士顿耽搁两天，即赴纽约。到文化基金会取得所里寄来的一千美元，为购买仪器用的……在纽约遇见周大训（1913—1989年，曾任翁文灏秘书），到资源委员会办事处去找办事处的恽震（1901—1994年，中国电器工业创始人之一）。办事处的规模很大，人员很多，一天不知要花费多少美元。谈及恢复地震研究，购置设备恽震却拿不出钱帮我。饭后天气甚热，周大训约我去看溜冰，暑天看溜冰，生平第一次。人造冰场设备很好，进门冷风袭来，暑气全消。演员技术很高，表演出很多花样，很好看。当夜即离纽约赴华盛顿，到海岸大地测量局参观其制图及地震部分。谈到我们缺乏标准钟，地震部主任

---

[①] Bridgman，布里奇曼，1882—1961年，美国著名高压物理学家，1946年获得诺贝尔物理学奖，周培源先生的老师，陈运泰补注。

Robort（罗伯特）说他可以经租借法案为我搞一个航海天文钟，搞成功就径寄到我回国的船上，后来果然在开船前数小时送到。在华盛顿找赵忠尧没找着，遂赶赴芝加哥，到了芝加哥找到Bend（本德），前燕京大学物理系主任，帮忙在Cenco选购仪器。因只有一千元，买不了什么。当时又无现货，乃请斯代为完成未完的工作。时正盛夏，芝加哥热不可当，居民多至密执安游泳场去游水，我去看了，但不敢下水。久闻芝加哥的屠宰场有名，专程去参观……据说每天可以宰杀几百头。传说前有中国官僚看了后，放下屠刀，立地成佛，回家便不敢吃肉了。离芝加哥后到旧金山，至Berkeley（伯克利）找Byerly（拜尔利），再度参观其地震台，设备已比一九三六年不同，很多自动装置。在那里同他一起吃了午饭，谈了些地震学的发展问题，即赴洛杉矶，找得旅馆后，即搭车到Pasadena（帕萨迪纳）找古登堡，相见甚欢。古登堡教授已老了很多，他带我去地震研究所，在那里见到H. O. Wood[1]及C. F. Richter[2]诸旧人，并参观地震台。设备比以前新式多，已全部用自动对

图5-35　1947年再见古登堡教授，中间可能是伍德，右一是古登堡

（私人收藏）

---

[1] H. O. Wood，伍德，1879—1958年，即Wood-Anderson地震仪发明人之伍德，美国老一辈著名地震学家，陈运泰补注。

[2] C. F. Richter，里克特，1900—1985年，即与古登堡共同确定里氏地震规模的、美国著名地震学家，陈运泰补注。

时，闻说我们缺少标准钟，将其旧时使用的电钟给了我。旋回到帕萨迪纳约其夫人共用午饭。谈到近年情况，说老母亲已去世，一子一女亦长成不在家。现在家里只有夫妻二人，常在外面吃饭，已不似当年热闹了。又谈了很多地震研究方面问题……①

一年多以后的1947年10月，李善邦先生回到了南京。他千里迢迢从美国带回了地震台急需的仪器，一台航海天文钟、一台电动标准钟，并购买了一些仪器。

而南京水晶台地震台已经从1947年5月开始记录地震。李善邦、谢毓寿1946年从重庆北碚把霓式地震仪搬迁到南京珠江路942号（现700号），地质调查所水晶台地震台在南京建立起来。秦馨菱先生于1947年秋天从美国学习回到南京。李善邦1946年8月去英国以后，地震台的全部工作便由秦馨菱、谢毓寿两位先生主持，1947年5月水晶台地震台出了第一期地震报告。

1947年5月，水晶台地震台开始出地震观测报告，其中第1个地震的序号承接北碚地震台为第110号。②

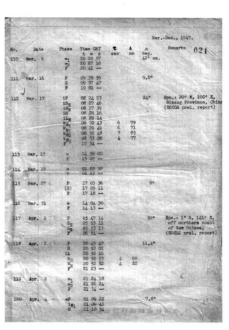

图5-36　南京水晶台地震台1947年5月开始的地震报告

（中国地震局地球物理研究所资料室提供）

---

① 李善邦记事本，私人收藏。

② 中国地震局编，中国早期地震台历史地震图鉴：第三卷，北京：地震出版社，2005，105页。

用中国人自制的霓式地震仪，在北碚地震台记录发布的第1号地震报告，是1943年10月22日的一次地震，到1946年5月8日北碚地震台的地震报告发布了109号地震。接下来从110号开始就转到了南京水晶台地震台。中国人用自己制造的地震仪观测地震的时代，就在抗日战争烽火中的1943年10月22日，从北碚台地震报告第1号地震开始，并一直走到今天，走向未来。

1947年10月李善邦被中央研究院选为第一批院士候选人。

图5-37　中研院第一批院士候选人名单
（李学通先生提供）

李善邦先生从美国回来以后，看到秦馨菱、谢毓寿二先生精心打理的水晶台地震台运转得非常好，并在他回来以前的5月份出版了地震报告，心里肯定高兴极了。

一切都安排妥当，李先生要去了却为父亲下葬的心愿了。1947年底，李先生带着去英国省下的钱奔赴广东老家为父亲下葬。李先生的父亲李慎初虽然只是一个老实的农民，但他用自己的棺材钱办的学校，以及这间学校最早的老师——他的大儿子李善祥先生，都是农家子李善邦走上科学之路最初和最原始的因素。但正可谓忠孝不可两全，接到父亲去世的噩耗，儿子无法回乡奔丧，父亲过世多时不孝之子终于回来了。父亲的在天之灵也一定会原谅这个不孝之子的！

为父亲下葬来去匆匆，1948年春天，李先生又去上海和青岛接收了曾经由法国人主持的上海徐家汇地震台和德国人主持的青岛地震台，然后他又出征了。他又去哪里呢？这次他要去台湾搬地震仪回来。1895年甲午战争中国失败以后，被迫签订马关条约，割让台湾，从此台湾进入日据时期。1945年抗战胜利，台湾回归祖国。日本占据台湾的几十年中，在台湾建立了一批地震台，安装了很多地震仪。台湾归

图5-38　为父亲下葬
（私人收藏）

还祖国以后，在地震台工作的日方人员撤走，地震台停止运行。台湾气象局长提出可以支援南京一部分仪器，于是李善邦于1948年6月亲赴台湾，办理地震仪的交运。

　　鹫峰地震台的仪器，在抗日战争中全部损失，今日抗战胜利，台湾被日本霸占五十年，又归还我国，战前在那里共有地震台十三处，属于气象局的系统。接受后地震观测因无专门人才已经全部停顿。去年中国地质学会在台湾开会，气象局长石汗源建议可取回一部分地震仪，补偿吾人的损失。我遂于一九四八年六月到台湾，不料人事变迁，石已不当局长，幸新局长尚热心，允设法搬取地震仪。

　　在台北取两套微震仪，再到新竹测候所拆维开式和大森式共六套，为此次来台领取的全部仪器。七月初到了新竹，此地产天然气及一些

石油，日本人在此经营多年，现由石油局接办。我住于前日本人所建之招待所，非常讲究。新竹石油局的王先生，每日招待我在他家吃饭，非常殷勤。并由他帮忙在测候所取仪器，请石油局代装箱运往台北，与台北气象局取来的仪器一起由台北石油局帮忙，全部装箱交转运公司运回南京。中间经过不少周折，但困难一一克服。在新竹参观了制烟灰厂，很简单。引导天然气在许多小火嘴上燃烧如灯，覆以罩子以收集烟灰。在台北遇唐耀芬（应该是客家人），伊在基隆金矿工作，约我前往参观。由基隆乘汽车到矿山，一切是日本时代的设备，自碎石机至磨成粉末，搅拌冲洗，都相当完备。据说一吨矿石约可搞出克把金子。耀芬带我参观制金室，看情形尚有微利可图。后又应鼎玉（应该也是客家人）之约，往台中游日月潭，从台中乘汽车一直可到潭边，有旅馆，专为游客而设。翌日同去游览，在湖中游了一圈，湖不大，中有小岛，经人工修成发电的蓄水池，山上有台湾土著高山族，过着原始社会生活，酋长率青年男女招待我们一次跳舞，各执木椿围一圈，

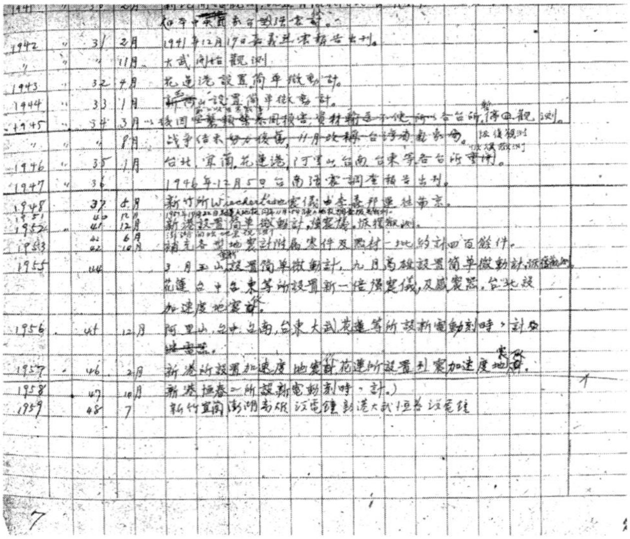

图5-39　1948年李善邦运地震仪的记录

（老多摄于台北气象局）

环形而跳，且歌且舞，非常简朴。在途中还参观了发电厂，规模不大，又参观了糖厂，正在修理机器，据云每年只开工数月。

台湾亡于日本五十年，初期一再反抗，因孤立无援，卒被镇压。我同胞被杀过半……台湾未亡时，客家人最多，后因反日头领多是客家人，被杀甚多，今则不及来自福建的多了。

因办理交运仪器，在台北停留了一些时候，台湾地质调查所由我所毕庆昌主持，遂常住在那里。将仪器交运后，即乘飞机回沪。[①]

图5-40　台北气象局

（老多摄于2011年）

图5-41　气象局内展厅的地震科普展览

（老多摄于2011年）

---

① 李善邦记事本，私人收藏。

李先生去台湾运回很多当时比较先进的仪器，装备了水晶台地震台。这段时间李善邦先生太忙了，以至于没赶上参加中研院院士选举大会，已经是院士候选人的李善邦落选了。

几十年以后，谢毓寿先生对他的小儿子说，李善邦没选上院士，就是因为没有去开会。

# 六　永不停息

时间来到1949年4月。

> 李宗仁政府于二十二日撤空，是夜炮声不绝，二十三日早只见败兵纷纷经过调查所门前向中山门去，枪声时作，拉夫拉车，街上秩序甚乱，所中之三辆车亦被拉走。[①]

这是李善邦先生在他的记事本里记下的，1949年4月22至23日，南京地质调查所附近的情景。当时南京城里可以听见炮声隆隆，大家都很害怕，人心惶惶。后来几天发生的事情，李先生在记事本里这样写道：

> 地质调查所亦被吓散了一些人，大部分则在观望。我心里盘算着，跟着逃亡明显是一条死路，不如坚守岗位，保全辛苦经营数十年的科学研究机构，至少可告无罪于后代。人生自古谁无死，留得千秋享盛名。于是团结一些同事，帮助组织起来作守所的准备……同时还得小心应付接二连三的紧急迁移命令。最初以搬家需用数千个木箱为由，有意拖延，后来催急了，必须敷衍一番，乃将多余的本所出版品及部

---

① 李善邦记事本，私人收藏。

分老旧无用的仪器，分装十余箱，交运广州，才把事情掩饰过去。[①]

关于这段经历，秦馨菱和谢毓寿先生是这样回忆的。

秦馨菱先生回忆道：

国民党政府命令地质调查所搬往广州，所长李春昱召集全所同事商讨此事。大家一致意见认为图书标本是地质调查所的传家之宝，是同事们赖以工作的工具，以当时情况，这些东西倘如一搬定会零散失落，实在可惜。大家决议守护图书迎接解放，大家组织了一个"福利会"（因无其他名称可叫），并因这是个民间组织乃选尹赞勋出来领导，下分互助、文化、卫生等组。大家动手把东楼前的许多砖块搬到图书馆，把书库的窗户砌起来以防万一发生战事，流弹伤及图书。并分组轮流在所院子内日夜巡逻。李善邦也编在小组内，和大家一起轮流日夜巡逻，以防不背入所盗窃财物。为应付国民党政府之命令，曾选不重要的刊物若干本，及铁锤等普通物品，装了10箱写有"贵重图书仪器"往车站托运……[②]

谢毓寿先生则坚守在地震台，他的回忆是这样写的：

不久，淮海战起，时局动荡，民不聊生。在极端恶劣的环境下，地调所全体人员上下一心，拒不南迁；为了维护国家财产，组织起来，日夜巡逻；在传统的浓厚学术空气下，坚守岗位，照常工作。大军渡江，南京解放，地震台连续记录；非但未丢失一次地震，还清晰地记

---

① 李善邦记事本，私人收藏。

② 中国地震局编，中国早期地震台历史地震图鉴：第三卷 秦馨菱回忆，北京：地震出版社，2005，213 页。

下了国民党爆炸破坏、炮轰和飞机起落引起的振动。[1]

图6-1　南京运回来的历史资料
（老多摄）

地质调查所和李善邦领导的南京水晶台地震台，不但保留了所有的仪器资料，水晶台地震台也没有一秒钟停止地震观测工作。

关于解放军刚进城以后的情况，李先生在他的记事本里这样写道：

一九四九年四月廿九日，南京解放后不久，解放军的政治人员（即军代表）接收和清点了地质调查所，并安慰说早就知道我们没有走，首先安置了我们的生活。然后叫我们权且照旧工作着，又按我们的要求给了我们经费。[2]

解放军进城以后，整个南京城都欢腾起来，青年学生们扭着秧歌欢迎解放军。李善邦的大女儿和大儿子也加入了欢迎的队伍。晚上两个孩子都

---

① 中国地震局编，中国早期地震台历史地震图鉴：第三卷 谢毓寿回忆，北京：地震出版社，2005，218页。
② 李善邦记事本，私人收藏。

图6-2　参军以后的大女儿李丽
（私人收藏）

图6-3　参军以后当上机要员的
大儿子李冀荣
（私人收藏）

没有回家，李善邦非常着急，孩子去哪儿了？参军了？

丢了两个孩子的李善邦试着跟军代表说，能不能帮着打听一下两个孩子的下落，是不是跟着解放军走了。军代表马上想办法打听，不久消息来了，原来两个孩子真的跟着解放军走了，并且参了军。大女儿去了成都加入了文工团，儿子去了北京，在北京中央警卫团当了机要员。李善邦跟军代表说，如果可能的话请转告孩子们，无论将来他们做什么，他们都还小（当时大女儿19岁，大儿子15岁），学习是最重要的，如果有机会最好去考大学。后来两个热血青年，都听了爸爸的话，大女儿1954年考上了西南音乐专科学校声乐系（即成都音乐学院声乐系的前身），毕业后一直在湖北人民广播电台文艺部做音乐编辑直到离休。大儿子1953年考上了清华大学汽车工程系（后来他成为享受国务院特殊津贴的教授级高级工程师）。

后来地质调查所的地震部分并于科学院，成为地球物理所。①

1949年11月，在前中央研究院和北平研究院的基础上成立了中国科学院。1950年

---

① 李善邦记事本，私人收藏。

1月15日中国科学院在调整研究所的会议上，决定成立地球物理研究所，并提出所内设气象、地震、地磁和物理探矿四个组。[①]

图6-4　科学院专门委员聘书
（私人收藏）

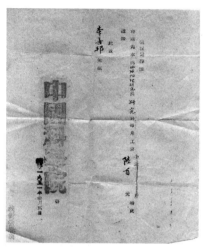

图6-5　地球物理所聘书
（私人收藏）

1951年李善邦被聘请为中国科学院专门委员、地球物理所研究员。

新中国成立以后随着全国经济建设工作的开展，地震工作逐渐从观测记录向更加广阔的领域开展起来。

　　最初制定的规划把重点放在发展地震台网。主要从事于维护并改进南京地震台，接管徐家汇台，分析处理积压多年的地震记录，设计新仪器，扩建金工车间，试制样机，联系非标准加工，订购辅助设备，选台址，调集地方干部，开办训练等。当时，傅承义教授主持物探工作，地震事业由李善邦教授主持。人少事繁，捉襟见肘，深感力不从心。[②]

---

① 中国地震局编，中国早期地震台历史地震图鉴：第三卷 谢毓寿回忆，北京：地震出版社，2005，220页。

② 中国地震局编，中国早期地震台历史地震图鉴：第三卷 谢毓寿回忆，北京：地震出版社，2005，225页。

最初地震台网的建设成为最主要的工作。可那时中国还没有一所大学有地震专业课程，建设地震台网需要专业人员。为了解决燃眉之急，中国科学院地球物理所从1953年起开办了三期地震专业干部训练班，培养出一批急需的地震专业干部。

1953年始开展建设台网工作。

1953开办地震观测人员训练班，由各单位调来人，训练一个月，至年终设立太原、西安等九个新台，原有南京（水晶台）、上海（徐家汇）共十一台……[①]

图6-6　1953年地震干部训练班毕业生

（私人收藏）

图6-7　1954年地震班干部训练班毕业生

（许健生先生提供）

---

① 李善邦日记，私人收藏。

图6-8　1955年地震班干部训练班毕业生

（私人收藏）

　　1954年中国科学院地球物理所由南京搬迁到北京中关村。鹫峰地震台就被重新利用起来。1957年，地球物理所在温泉白家疃新建了一座地震台，这个地震台就是今天的北京国家地球观象台，北京白家疃地球科学国家野外科学观测研究站就是依托这个观象台建设的新一代科技基础设施。

图6-9　1961年鹫峰地震台

（私人收藏）

图6-10 李善邦在新建地震台脚手架前

（私人收藏）

图6-11 北京国家地球观象台

（老多摄）

建设地震台网，首先需要的除了人，就是地震仪，"1951年，李善邦先生在I式水平向地震仪（即霓式地震仪）基础上，经过改进，研制成大、小51式地震仪。摆的周期为5s和3s，机械杠杆放大……熏烟记录，曾在

1954—1958年间使用。"① 接着在1954年许绍燮（1932年出生，著名地球物理学家）、张奕麟（1928—2015年，中国地震局总工程师）对51式地震仪进行改造，加装了电子阻尼，研制成功513式地震仪，并开始批量生产装备地震台站。

图6-12　在霓式地震仪基础上改进的51式地震仪
（北京国家地球观象台提供）

图6-13　许绍燮、张奕麟改进的513式地震仪
（北京国家地球观象台提供）

① 宋臣田等编，地震监测仪器大全，北京：地震出版社，2008，10页。

由霓式地震仪改进而来的大小51式地震仪，进而加装电子阻尼的513式地震仪，便成为装备我国最早一批地震台网的主要设备。1954年中国科学院地球物理所首先在"地震比较活动的地区，设台观测，以监视其在最近期间的活动情况……陆续在兰州、西宁、成都、昆明、西安、银川、包头、大同、太原、临汾以及长春等地建立临时地震台进行长期观测。"[1] 随后在1955—1956年，又增设11个台站，这就是继1943年北碚地震台，中国人在华夏大地上建立起来的最早的地震台网。

在建设地震台网的同时，李善邦和同事们还做了其他一些事情。这些事被记录在李善邦先生夹在书里的6页信纸里，但记录者没有留下姓名。记下的是什么事情呢？先来看李先生一篇同样没有写日期的记事：

新编中国地震区域划分图，现在吊起——成为梁上君子——应如何解决？

追索一下编图的过程：

资料方面：历史震中分布图中

位置、烈度确定，位置准50km，烈度误差1度，不能考虑频度

仪器资料：

位置：50，100，大于100

烈度：VIII IX 或 更大 ……[2]

李先生这篇日记是在谈中国地震区域划分图的绘制。从这篇日记看，区划图的绘制遇到了困难，成了梁上君子，上不去下不来。那么中国地震区域划分图是什么，后来绘制出来了吗？我们来读李先生夹在书里的那6页纸：

---

① 李善邦著，中国地震，北京：地震出版社，1981，6页。

② 李善邦日记，私人收藏。

我国第一个五年经济建设计划（1953—1957年）开始后，需要提供地震基本烈度鉴定意见的工程建设项目普遍增多，仅依靠逐个地点鉴定地震烈度的方法已不能满足国家建设的需要，为此提出能反映全国各地地震危险性状况的《中国地震区划图》。1955—1956年，在李善邦主持下，邀请苏联专家果尔什科夫为顾问来华编制地震区划图工作。当年由李善邦亲任队长，在果尔什科夫、徐煜坚（当时是李四光先生的秘书）等组成中国地震区域考察队，考察队足迹遍及全

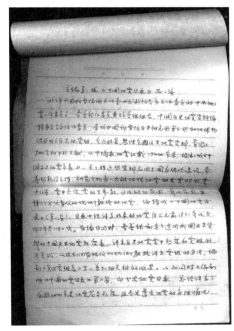

图6-14　夹在书里的6页纸
（私人收藏）

国西南、西北、内蒙古和山西等多地震地区，实地研究地震区强震发生的地质条件。与此同时，还召开了有我国著名地质学家参加的全国第一届新构造运动座谈会，广泛征集各地地震地质科研成果。在编图过程中，还编制了一系列相应的基础性图件，包括《中国地震震中分布图》《中国历史地震烈度统计图》《中国地震综合等震线图》等，《中国地震烈度区划图（比例尺1：500万）》（1957年出版）和相关图件发表，为全面认识中国各地地震危险性，为我国经济建设和规划工作发挥了重要作用。①

---

① 李善邦先生夹在书里的6页记录，私人收藏。

图6-15　李善邦与果尔什科夫在秦岭

（私人收藏）

图6-16　李善邦在泸定桥

（私人收藏）

图6-17　与果尔什科夫分析研究

（私人收藏）

图6-18　李四光先生正在观看1957年出版的中国地震烈度区域划分图

（私人收藏）

图6-19　1956年送别果尔什科夫

（曲克信先生提供）

在建设地震台网、绘制中国地震烈度区域划分图的同时，还有一件事也在进行中，那就是研究历史地震，编制地震目录。

关于历史地震，李善邦应该在他踏上地震研究之路的最初期，就已经有所了解和关注。1930年他在徐家汇观象台学习期间，就看到过收藏在徐家汇藏书楼里的，由黄伯禄神父撰写的《中国大地震目录》。谁是黄伯禄？

黄伯禄（1830—1909年），江苏海门人。清道光二十三年（1843年）入张朴桥修道院（上海佘山附近），为首批修生之一。在修院学习中文、拉丁文、哲学、神学等课程共17年之久。清光绪元年（1875年），任徐汇公学校长，3年后从事写作。中文著作有《集说诠真》《圣女斐乐默纳传》《函牍举隅》《正教奉褒》《正教奉传》《训真辨妄》《函牍碎锦》《圣母院函稿》《契券汇式》等；法文著作有：《置产契据式》《中国婚姻律》《官盐论》《中国行政杂录》《中国地震考》《中西新月对照》《日月蚀考》《清代世系》《中国古代太阳黑点考》《中西历合璧》等。[①]

①　摘自黄伯禄百度百科。

百度里介绍的法文《中国地震考》就是《中国大地震目录》，这本《中国大地震目录》是黄伯禄神父从历代史书中摘录的一部地震目录。关于黄伯禄的《中国大地震目录》，李善邦在他的著作《中国地震》里有专门的介绍：

外国殖民者在我国国土上最早设置现代仪器，进行天文、气象、地磁、地震等观测，是上海徐家汇天主教堂。这里一些兼做科学工作的神父，知道我国历史地震资料很丰富，极感兴趣，便利用华人教徒，广泛搜集，由黄伯禄汇编。他从史书10种，地方志391种中找到自公元前1767年至公元1895年间的大小地震记载3322次（内中多重复），企图综合起来编辑成书，但工作未竟便死了。继由法人传教士整理，加以补充，最后于1913年编译出版，即《Catalogue des Tremblement de Terre en Chine II》。这是一部用法文发表的《中国地震目录》，内容比之以往同类著作增加了不少，但仍遗漏很多，所辑地震未经分析，重复不清，且缺乏考证，古今地名混淆，加上译音不确切，我国人用者极少。[1]

图6-20　保存在徐家汇藏书楼黄伯禄的
《中国地震目录》
（老多摄）

从开始踏入地震研究之路，李先生就想重新编辑一部中国的地震目录。但20多年来，忙碌的工作和无情的战乱没有让他找到机会去做

① 李善邦著，中国地震，北京：地震出版社，1981，200页。

这件事，而且查阅大量历史资料也不是他一个人可以完成的。这件事终于在1953年梦想成真，国家组织人力物力，他在朋友们的帮助下如愿以偿。

　　1953年中国科学院成立以李四光副院长为主任委员的中央地震工作委员会。李善邦任委员兼综合组组长、中国历史地震资料编辑委员会副主任委员，责成中国科学院历史研究所第三所和地球物理所成立历史地震组，全面收集、整理全国历史地震资料，查阅了8000余种中外文献，从中摘录地震记载15000余条，编制成《中国历史地震年表》。为了将这些资料应用于国家经济建设，李善邦亲自主持，研究分析每一次破坏性地震的发震时间、震中位置、震中烈度、震级等参数，以及破坏范围、影响范围，并辑入了近代有仪器观测数据的地震，编辑成《中国地震目录》（第一集），目录中经详定收录的地震自公元前1831年至1955年共1180次。在编目同时，李善邦制定了适合我国历史资料的中国历史地震烈度表，评定历史地震震中烈度的方法，编辑了《实用震级表》等一系列相关科研成果。

　　《中国地震目录》的出版，为中国地震科学研究和国家经济建设奠定了坚实的基础。①

图6-21　1956年出版的《中国地震资料年表》
（私人收藏）

图6-22　1960年出版的《中国地震目录》
（中国地震局地球物理研究所资料室提供）

① 李善邦先生夹在书里的6页记录，私人收藏。

图6-23　与李四光先生探讨问题，左站立者为李善邦，右二李四光

（私人收藏）

《中国地震资料年表》出版以后的1957年，地球物理所受国际地球物理年西太平洋区域会议的邀请，组成以地球物理研究所所长赵九章为团长的代表团赴日本参加了这次会议：

国际地球物理年西太平洋区域会议于1957年2月25日到3月2日在东京召开。这次会议是由国际地球物理年日本国家委员会接受CSAGI的委托而筹备召集的，目的是为了协商调整西太平洋地区各国际地球物理年参加国的科学计划，并在今年7月1日前做好各项观测准备工作。出席会议的有澳大利亚、中华人民共和国、印度尼西亚、日本、巴基斯坦、菲律宾、美国及苏联等8个国家的代表。联合国文教科学组织（UNESCO）、新西兰、琉球、菲律宾等观察员各1人。CSAGI执行局委员B.B.别洛乌索夫及联络员A.Day也出席了会议。我国的代表团由赵九章、涂长望、陈宗器、钱文极、朱伯禄、李善邦、李珩、谢毓寿等8人组成。

由于日本学术会议的支持，日本科学界周密的准备，以及到会各

**图6-24 那须信治所长题词**
（私人收藏）

国代表发扬协商合作的精神，这次会议是十分成功的。[1]

在这次会议上，李善邦与26年前在东京学习时的老朋友再次相遇，并参观了曾经学习过的东京大学地震研究所。二十多年过去，物是人非，当时的所长，国际著名地震学家今村恒明已经在10年前去世，时任所长那须信治先生为李善邦题字一幅："同文同学之谊。"

从受邀参加这次会议可以看出，由翁文灏先生开疆，李善邦主持，并得到龙相

**图6-25 与那须信治（左）、河角广（右）合影**
（私人收藏）

---

[1] 赵九章，国际地球物理年东京西太平洋区域会议，科学通报，1957年10期。

图6-26　李善邦（前右）谢毓寿（前左）那须信治（前中）河角广（后排右一）
等在地震研究所合影

（私人收藏）

齐、今村明恒、古登堡、贾连亨、秦馨菱、谢毓寿等一大批科学家和朋友们
鼎力相扶相助，艰难建立起来的中国地震学和地震观测研究，已经被国际地
球物理研究领域视为国际大家庭中不可或缺的重要成员。

　　就在这一年的初冬，李善邦还访问了苏联，在苏联他参观访问了地震
台、天文台，并会见了正在那里留学、学习地球物理和地震学的中国留学生。
这些学生后来都成为中国地球物理和地震研究方面年轻一代的中坚力量。

　　时间来到1958年：

　　1958年5月23日

　　所务会议

　　1）1959年重点工作规划。

　　1962年前完成十二年规划，苦战3年根本改变科学研究面貌。

　　明年国庆十周年，关键的一年。以任务带动科学。

　　i）研究成果的丰收；

图6-27　李善邦拍摄的加利清雕像
（私人收藏）

图6-28　与朝气蓬勃的留学生们会面
（私人收藏）

ii）科学理论的丰收；

iii）技术方法的丰收（改旧创新）；

iv）思想上的丰收（红专，政治挂帅）。

1958年的丰收，成绩大，但只是点的丰收，

1959年三峡地震问题。

5年短期预报。

10年……

炼钢 北京 147,000吨，现在5,000吨。

7土炉—洋炉（每室一土炉，三人专业，其余业余）每天1吨。[①]

　　看李先生写的1957年工作规划，当时中国正在兴起全民炼钢，大炼钢铁的运动。李善邦先生的规划，除了"每室一土炉，三人专业，其余业余，

---

① 李善邦先生日记，私人收藏。

每天炼1吨钢以外”，一台更新型的地震仪也在1958年诞生了，这就是581型微震仪。

 1958年许绍燮等人首先研制成581型微震仪，这是我国把电子技术应用于地震仪放大系统的开始。五十年代中期，我们学习了苏联的电流计记录技术，五十年代末苏联则是借鉴了我们的电子放大地震仪。1959年底在北京周口店，两国专家同时对581型地震仪和苏联的电流计记录地震仪对比，证明了电子技术用于地震仪的优越性和可行性。1959年北京区域地震台网就是以581型地震仪为基础而铺设的。①

图6-29　研究地震仪 左起：杨太城、许绍燮、李善邦、叶世元、
张奕麟、王耀文
（私人收藏）

---

① 中国地震台志：第一卷（第一分册 中国地震台站地震仪器概要），北京：地震出版社，1987，295页。

图6-30 中国科学院地球物理研究所第三研究室

（私人收藏）

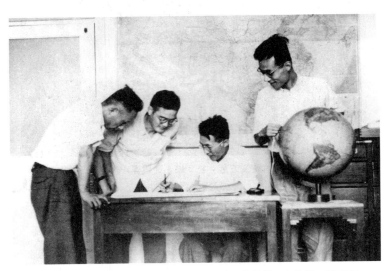

图6-31 李善邦和他的朋友们 左起孙庆煊、秦馨菱、李善邦、谢毓寿

（私人收藏）

图6-32　与地球物理研究所副所长、党委书记卫一清

（私人收藏）

图6-33　与赵九章（中）和他的大女儿（左）在中关村15楼宿舍前

（私人收藏）

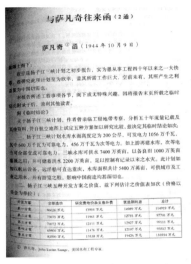

**图6-34　萨凡奇致翁文灏的信**
（李学通先生提供）

除了上述的各种事情，李善邦还参与了三峡工程、南水北调工程的基本地震地质情况的调查研究。三峡工程在民国时期就已经在酝酿，1940年代翁文灏先生邀请美国著名筑坝专家，胡佛大坝的设计者萨凡奇（John Lucian Savage，1879—1967年）来华，对三峡大坝的建设进行勘探，并提出了他的设计思想。[①]

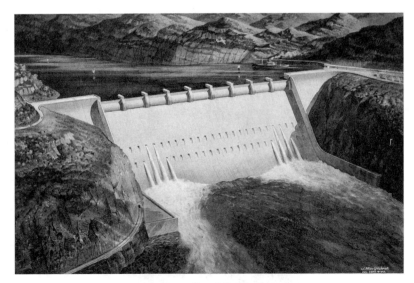

**图6-35　萨凡奇的大坝设计**
（李学通先生提供）

---

[①] 李学通编，翁文灏往来函电集1909—1949，北京：团结出版社，2020，255页。

图6-36　萨凡奇的船闸设计

（李学通先生提供）

李善邦则于1950年代，陪同苏联专家亲赴三峡三斗坪一带，考察和研究三峡大坝的问题。在他的日记本里有很多相关的记录，其中关于三峡：

图6-37　李善邦在长江三斗坪

（私人收藏）

（无日期）

三峡坝基地区，隧洞施工爆炸安全距离问题的研究。

1. 隧洞穿于花岗岩层——有方向不同的裂隙，有岩脉经穿，分布不均。

2. 预备做隧洞直径27m。

3. 要求解决的问题

……①

1958. VIII. 9. 晚

<2>赴三峡<12>回汉 约45日离汉赴兰，郑州换车，请先期通知郑州招待订票，确期另电 邦

（以上应为一份电报的电文，从电文看李善邦将要在三峡停留10天）

2日 沙坪农场招待所午饭。

3日 别与徐回至当阳路上看地震，别怀疑红层砂岩中之砾岩是古生代。哈林在寓所看宜昌地震台记录，因此我亦在家陪着……②

日记里提到的"别"和"哈林"皆为苏联专家，"徐"即李四光先生的秘书徐煜坚。

图6-38 三峡工程的日记及电文

（私人收藏）

---

① 李善邦日记，私人收藏。

② 李善邦日记，私人收藏。

图6-39　与苏联专家在隧洞调查地震地质情况

（私人收藏）

关于南水北调工程的：

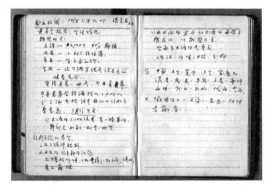

图6-40　南水北调的日记

（私人收藏）

1959/14/II 上午九时

南水北调

黄委会报告：介绍情况

路经地区

民族——6,000万，90%藏族

治安——小部分须保护

交通——有主要的路

生活——沿公路有供应站及兵站供应充分

资源丰富——矿产、冬虫夏草

……

引大渡河1,100流量，等一条黄河

……

对科学院的希望

1 为了总体规划

2 开大河，很多科学问题

……①

从上面的故事我们可以看到，20世纪50年代，李善邦先生"开了挂"。首先在1951年，改造了霓式地震仪，研制出大小51式地震仪，很快他的同事，后来的许绍燮院士等又改造成功513式地震仪，于是由这些地震仪装备起来的第一批地震台网便在中国大地上建立起来。台网上工作的都是他在三期地震培训班上，亲自培养出来的学生。几乎与此同时，李善邦又着手组织绘制《中国地震烈度区域划分图》，并组织考察队，亲自带队，足迹遍及全国西南、西北、内蒙古和山西等多地震地区，实地考察研究地震区域烈度等级及当地的地质条件。3年后的1957年，中国第一幅《中国地震烈度区域划分图》绘制完成。还是几乎同时，李善邦主持《中国地震资料年表》《中国地震目录》的编辑，收集、整理全国历史地震资料，查阅了8000余种中外文献，从中摘录地震记载15000余条。1956年《中国地震资料年表》出版，接着又编辑完成收录了自公元前1831年至1955年共1180次地震详细记录的《中国地震目录》，圆了他20多年前在徐家汇观象台的梦。还是与此同时，他率领小小的队伍，参与了三峡工程、南水北调工程的基础地震地质调查研

---

① 李善邦日记，私人收藏。

究工作。整个50年代李善邦先生做了这么一大堆事情，全部都是最基础的工作，他哪儿来的这么大干劲？他感到满意吗？感到骄傲吗？对此在一段大概写于1957年的日记里可以看到李先生的一些内心：

> 现在真觉得有一股新鲜力量在推动着我，与两个月（前）比较似乎是两个人。回想从前自思改（是指从1951年到1952年的思想改造运动）后，一股热诚进行地震工作。很多人知道，我是地球物理所最忙的一个，但尽管努力，年来感到工作很难进展，障碍很多，局面无法打开，心情非常苦闷。遂想到自己能力有限，身体也不好，虽60岁的年（纪）了，到1962年退休吧。所以在订12年远景规划，我只打算担承7年的任务，这样想当然更急于完成个人的历史任务。越急便越脱离群众，愈不能好好完成工作。[①]

从这段笔记可以看到，地球物理所最忙的一个李善邦，对自己并不满意，也根本不会骄傲。为什么呢？因为作为一个长期从事科学工作的科学家，他非常清楚，他所取得的所有成绩，只是科学研究之路上前进的一小步，所以没有理由躺在成绩上，必须继续不断地前行。

时间来到20世纪60年代，似乎老天爷也不想让李先生和他的朋友们停下来歇歇，谢毓寿先生在他的回忆中这样写道：

> 广东河源新丰江水库蓄水后，于1960年秋接连发生有感地震。中央极为关切，指示确保大坝安全。这是一项全新任务。国内既无先例，国外文献也只美国博尔德水坝一例。我所地震室全力以赴，经数月准备，组队前往。观察年余，记录地震两万余次，确定了震源密集地区及其活动规律，提出了发震机制设想。并与地质、物探、测量、力学、

---

① 李善邦日记，私人收藏。

水电等兄弟单位共同提出了大坝加固方案，及时施工，使大坝安全经受了 1962 年 3 月 19 日 6.1 级地震的考验。①

此外，随着国家经济建设的开展，国家的工厂、矿山、桥梁、水利、铁路等重大工程的场地，必须具备该工程场地的地震烈度鉴定意见，这样才可以把相应的抗震措施在工程设计初期就考虑进去。这件事也落在了李善邦先生领导的地球物理所第三研究室的身上。关于这件事，在李先生书里夹的 6 页纸里，有一段比较详细的记录：

> 工程场地的地震基本烈度鉴定任务，直接由李善邦领导的地震组承担。由于新中国成立前中国地震研究基础很差，地震资料十分缺乏。为此，李善邦亲自主持，收集查阅和整理各种历史地震资料，以此为基础，评定和提出各工程场地的地震烈度鉴定意见。至 1954 年底，共向有关部门提供了 750 个场点、铁路线和流域的地震烈度意见。此后，在李善邦主持下，日以继夜地工作，全面系统地整理、修订全国历史地震记载和仪器观测记录，制定了地震参数测定方法，在编制全国地震目录同时，还编制了《中国地震目录》第二集，分县地震目录，目录中给出了全国 2000 多县市的地震基本烈度意见和○○地震破坏的情况，供建设部门参考。至 1965 年，由李善邦批复的，向各建设部门提供的基本烈度意见达 211 个工程场地和铁路 95 条，直至 1966 年后的一段时期，对于一般中小型工程，大体上仍然沿用李善邦制定的方法和资料进行地震烈度鉴定。②

---

① 中国地震局编，中国早期地震台历史地震图鉴：第三卷 谢毓寿回忆，北京：地震出版社，2005，223 页。

② 李善邦先生夹在书里的 6 页记录，私人收藏。

图6-41　收藏在国家地震观象台的历史地震资料

（老多摄）

图6-42　收藏在国家地震观象台的仪器历史地震资料

（老多摄）

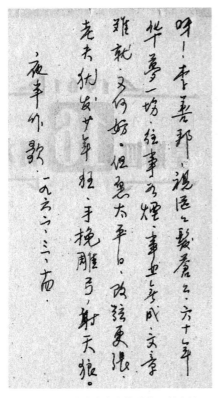

图6-43 李先生夜半作歌的一首小诗

（私人收藏）

1962年10月2日，李善邦先生60岁，在《六十生辰回忆》里李先生说："我本农家子，世代以种田为业，小时候亦常随父母下田耕作。"[①] 60年来，李善邦先生从一个农家子，成长为一位中国地震事业的开创者，地球物理所最忙的地震学家。60年来获得的成绩和荣誉已经足以让李善邦先生感到很满足了吧？在李先生记事本的最后，贴着一张写在旧日历背面的小诗。这首诗写于他60岁生日以前，他小儿子9岁生日的1962年3月14日（他60岁生日是1962年10月2日）。

从这首小诗可以看出，李善邦并没有满足于他已经取得的一切，他还要"老夫犹发少年狂，手挽雕弓，射天狼。"他的心里似乎永远燃烧着一团火！

下面我们来看几篇心里燃着一团火的李善邦的日记：

1965 1/4：上午：参加院（中国科学院）常务扩大会议。

张副院长（张劲夫）传达院党组扩大会议。

1）赶上和超过世界科学水平的问题，主席说我们必须赶上还要超过。回望15年，展望20年，估计大约要多少时间完成，

……

---

① 李善邦，六十生辰回忆，地震地磁观测与研究，1989年06期。

　　下午拟整行装，姚虹和〇〇来找，谈到电子计算机定震中，出现许多怪现象，特别（是）深度的测定。汇报很长，我于匆忙中给他们提出几点：（1）资料少的较老地震只能用三个参数的方法。（2）先完成大地震目录，其要求较粗。（3）深度测定问题宜作专题研究。急忙中李长寿又来让批审烈度，剩得时间很少，乱捡几件东西就走。

　　8点14分，从北京—太原夜车出发，正式队员26人，加上工作人员及医生34人。内有竺（可桢）吴（有训）两夫人。在车上聚谈很愉快，当夜没有睡好。[①]

　　李先生这是去哪里？当时国家号召全国各单位和全体人民，工业学大庆、农业学大寨，中国科学院响应号召，组织了一个由老一辈科学家组成的赴山西大寨参观团。这是李先生参加参观团赴山西出发以前，一整天的活动记录。他早上先去中国科学院院部参加院党组扩大会议，听张劲夫副院长的报告。下午刚要准备收拾行李，同事又来汇报关于用电子计算机测定震中的工作，而且时间很长。他说自己匆忙地作出三点建议以后，又有同事来批审烈度表，最后连收拾行李的时间几乎都没有了。晚上在火车上又与20多位科学家老朋友相见，大家一起畅谈非常愉快，连觉都没睡好。

图6-44　1960年代的大寨

（私人收藏）

---

① 李善邦日记，私人收藏。

图6-45　参观团旁听村民的会议，图左站在窗户边的即李善邦

（私人收藏）

图6-46　老乡家吃饭，中间端碗者是著名生物学家汤佩松

（私人收藏）

图6-47　科学家合唱团：指挥汤佩松，后排左1赵忠尧、左3吴有训、右3
竺可桢、右1童第周；前排左1李善邦、左2赵忠尧女儿、左3童第周夫人叶
毓芬、右4陈世骧夫人谢蕴贞

（私人收藏）

从李先生的日记中可以看到，我国在1959年就提出了地震预报的规划，
并已经做了很多工作：

1959/17/XIII 下午谈计划

地震预告问题。

1959年，择一地区建立一组台站。[1]

又过了一段时间，李先生在一篇没有写日期的日记里这样写道：

地震预告研究，走得不远。

领导举棋不定。

缺乏科学分析。

---

① 李善邦日记，私人收藏。

专科学校有跑了的危险。

研究工作做得少。①

从这两篇日记可以看出，当时地震预报工作困难很大，问题也很多，步履艰难。作为一项严谨的科学研究工作，地震预报要走的路很漫长，不积累巨大数量的科学研究资料，不培养出一大批合格的研究人员是不行的。20世纪50年代是中国地震观测技术、仪器大发展时期，但当时的仪器设备仍然比较落后。进入60年代以后，中国的地震观测仪器有了很大的进步，研制出很多新型的仪器，比如：62型（1962年）、64型（1964年）电流和照相记录的地震仪、65型短周期（适合流动台站）、63A型单分向（适合野外作业）等等。全新的地震仪器相继研制成功，不但为中国的地震研究事业增添了新设备，新型仪器的使用，对地震预报工作也起到非常大的帮助和促进作用。时间来到了1966年，我们来读李先生从1966年2月28日至3月8日，再至3月22日的日记：

28/2 星期一

阿学生（阿尔巴尼亚）今早搭图114回国，李凤杰等送行。

上午：星期五下午地震区查明在西北旺一带，白家疃地震台测得震级为3½，距离十多千米。林邦慧等继续出去了解。

下午：最后总结灾害地震的重复。

1/3 星期二

上午：郭履灿来谈关于西北旺地震，随即找林邦慧、宋良玉来谈，如何进行宏观地震调查。宜重现象搜集，进行科学分析（如访问有感，注意全村多少人，感觉者多少，什么条件下感觉等），以判定烈度。注

---

① 李善邦日记，私人收藏。

意特殊现象，如是个别的，不宜即拿来当判定烈度的依据。现宜即将调查资料核实，不够的马上补充。

下午：总结完。

3/3　星期四

上午：方蔚来说昨日晋县发生地震，4¼级，已用长途电话联系，晋县县城无感觉，县东有些公社，房屋被震掉土。拟派人调查看，因这一带（涿鹿、衡水、深县）常常地震小破坏大。又催派动干扰报告，刚将赵的报告看一次。

……

下午：昨日工作。

5/3　星期六

上午：政治学习，听新华社社长讲焦裕禄事迹的录音报告。

下午：大〇，基本写完中国地震特征。

7/3　星期一

上午：与派往宁晋调查地震人员出发前讲话。昨午杨玉林说早晨宁晋（在晋县西南不远）发生5¼级地震，倒屋百多间，并无死伤。当时建议派人去调查，今早调查队已组成。由杨玉林、李凤杰带队，林邦慧、宋良玉、段宝娣等，并带仪器前去。九时出发，临行再三嘱以实事求是工作，注意现象的分析研究，不要用烈度去套，找出震中、震中烈度及影响范围。

下午：画两主要地震带灾害地震震中图。

8/3　星期二

上午：今早5时左右宁晋发生6～6½级地震，比前天大一级，初步消息宁晋一些地方房屋倒80%，地裂半尺，死伤三百余人，段宝娣受轻伤。中关村多部分人感觉。谷所长（谷景林副所长）召集三、七室干部开会，讨论增加仪器，观察目的在看余震震中分布，决定增加两台，七室去一车台，装备强-微地震仪，三室再准备一个，连已去的共5个台。会上谈到这是不是主震，及今后最大余震多大等问题。这问题很难肯定回答，在一般情况下，前震与主震之间，地震次数不甚多，现在大震于早5：30发生，截至此时几个小时内，地震很频繁，5级左右的大余震已有几次，因此今晨地震看来是主震。不过，地方已经受破坏了，已伤到房屋，即使余震不大，（危）害还是大的。

下午：四时林庭煌通知我与傅（傅承义）、顾（顾功叙）今晚带一批人出发到灾区去。

22/3 星期二

上午：昨晚从现场回来。

将十余天在地震灾区活动情况，简略与张主任（三室主任张浩然）和方蔚青谈了。并建议待许绍灿回来，赶快准备低灵敏度仪器送往现场。

下午：四时二十分钟左右，正在写日记，感到地震，电灯摇摆很大，震动周期相当长，窗户不响。心里怕是来自邢台地区。即来所查问。涿县先来电话（因前两天该地有4级左右地震，郭履璨等在那里调查），说当地有轻微破坏。涿县离北京仅30千米左右，疑是涿县地震，若然则（危）害不大。后来陆续收到报告，震中仍在邢台地区，从北京的感觉显然比八日大震要大。晚饭后，卫（卫一清）、谷（谷景林）所长等均在办公室听消息。耿庄桥来电话，北京台的记录亦○○证实，震中在新河附近，震级为6¾（16～11.32）或者（16～19.32），余震很多，破坏面积很大。宁晋县城八号没有损伤，此次房屋倒塌破坏达80%，有些上次受灾轻的村庄，此次倒平，正在调查中。

各处电话不停，是不是今天晚上还有地震，我们回答：地震还不能预报，这些说法都是没有根据的。但城乡人心惶惶，多在户外，冒风寒，作为一个地震科学工作者，对此感到难过。回家后赵所长那里有派出所的同志说，32楼的人都出来了，大院子里亦人声吵闹。这谣言不知从何而来，说得很神，定为9—10点发生，待至10点后无事，才渐渐安下来。[①]

从李先生2月28日至3月22日将近一个月的日记，我们可以看到，这段时间在北京和河北省的好几个地方多次发生了地震。首先是北京西郊海淀区的西北旺，然后是晋县、宁晋、邢台。地震在方圆两三百千米的范围内毫无征兆地接连发生，而且一次比一次大。接下来哪里还会发生地震呢？"城乡人心惶惶，多在户外，冒风寒，作为一个地震科学工作者，对此感到难过。"

那么还会有地震吗？什么时候还会有地震呢？传闻"定为9—10点！"从事地震研究、地震观测几十年的李先生说："地震还不能预报。"他还叮嘱赴地震灾区调查的同事们说："以实事求是工作，注意现象的分析研究。"地震预报是一项严谨的科学研究工作，需要科学家以实事求是的态度，坚持不懈地做长期研究。

不知不觉十年过去，1976年7月28日唐山发生7.8级大地震，损失惨重。

几十年以后，一位在中关村长大的博主"馄饨侯"，写了一篇《我那记忆里的中关村》的博客文章，其中他讲了一个唐山地震时的故事：

记得唐山地震后，时不时地谣传有余震。人们如同惊弓之鸟，总是考虑是否要到屋外的地震棚里去睡。有一次闹得最邪乎的时候，我问父亲，咱们是不是也去地震棚睡觉？父亲笑着对我说，我刚听别人讲了，那尊大菩萨不动，咱们就不用动。我问那菩萨是谁呀，父亲告

---

① 李善邦日记，私人收藏。

诉我，就是15楼的李善邦呀，一级研究员，专门研究地震的，他不慌，你慌什么？再不信，你自己去他们家看看，反正也不远。我当时还真的骑着自行车，跑到15楼。他家就在一楼，从窗户望进去，只见里面一个老头在台灯下伏案看书，于是我踏踏实实地回到家里，和平常一样的闷头大睡了。

　　……

　　邢台地震以后不久的1966年8月，"文革"开始了。已经60多岁的李善邦被关进"牛棚"，被安排扫厕所。1969年情况终于有所缓和，但他的身体却愈加衰弱。那年的10月，他最小的儿子不得不离开北京，作为知识青年远赴云南西双版纳接受贫下中农再教育。临走时他对儿子说，西双版纳是一个神奇的地方，那里有原始森林，有蝴蝶会……于是儿子怀着无限的好奇登上了南去的火车。

　　重获自由的李先生要继续工作了，他开始撰写《中国地震》。这部书在"文革"开始前就开始写了，李先生在《中国地震》的"写在前面"中这样写道：

　　初，科学普及出版社约我写一本小册子《中国地震》，我答应了。每有空闲时间，则进行选择和整理有关资料，正要动笔之时，"文化大革命"开始，便将此事耽搁了。1969年，有些好心人又提及此事，但当时精神困顿，情绪低落，且旧日稿件也已散失，便无从谈起了。后来，又找到一部分，遂又决心再作冯妇。经过一段时间准备后，出版社的同志要求不要只写中国地震，扩大一点，其他方面的问题，也要写。当时我想不出怎样写才最有利于读者，若写成一般教科书的形式，则大可不必了。最后决定分专题来写，尽我生平所学到的，所能理解的，用专题形式系统地写了出来，尽可能做到"始中近皆举之"①，借以

---

① 原文引自《春秋左传·哀公二十七年》："君子之谋也，始、衷、终皆举之"。

帮助愿为人民研究地震问题的科学工作者作为入门的参考。[1]

1969年李先生恢复自由以后，幸运地找回一部分资料，让李先生有了继续写《中国地震》的信心，于是"决心再作冯妇"，重新开始写《中国地震》。找回的资料，如今保存在北京国家地球观象台。这些资料是装订成册，封面上写着《地震文献杂抄》的，四大本册子。

图6-48　保存在国家地球观象台的四本资料
（老多摄）

打开找回的四本资料，映入眼帘的是一篇篇一笔一划、工工整整写在稿纸上的文字。再仔细看这些文字，却都是从各种外文文献、期刊、书籍中翻译过来的资料，比如来自Earth Science Review.1.1966，博特.M的文章《现代地震》[2]。原来，这四本资料都是李先生从图书馆借出来，把他认为对写《中国地震》有价值的相关文章翻译出来，一笔一划写下来，装订成册可供他随时查阅的参考资料。

不过，"文革"以后随着岁数的增大，李善邦先生的身体越来越虚弱。因为年轻时患有肺结核，虽然病灶已经钙化，但到了老年肺功能迅速下降，导致了老年肺心病。去西双版纳的小儿子两年以后回来探亲时，母亲跟父亲

---

① 李善邦著，中国地震，北京：地震出版社，1981，前言。
② Bath. M.今译为巴特，国际著名瑞典地震学家，陈运泰补注。

图6-49　四本资料中的一页

（老多摄）

图6-50　博特.M《现代地震》的
译文

（老多摄）

图6-51　博特.M的文章来自Earth Science
Review.1.1966

（老多摄）

商量，是不是别让孩子回云南，因为父亲身体不好，需要人照顾，自己也老
了，恐怕照顾不过来。但是父亲坚决不同意。无奈母亲只好让儿子假装回云
南，其实是去了武汉的大姐家。果然过了不久，李先生因为肺部感染住进了
医院，儿子迅速从武汉赶回来，如果到了云南就赶不回来了。那时从云南回
来比登天还难，因为当时西双版纳属于边境地区，从边境地区进入内地，需

要在当地公安部门办理边境通行证，没有通行证别想迈进内地半步。自从这次以后，父亲也不再坚持让儿子回云南了。在后来的几年李先生多次因肺部感染而住院，但每次他都奇迹般地又回到家里，继续他未完成的书稿。是完成书稿的精神，支撑着他虚弱的身体，一次次地从医院的病床回到他的书桌前。

> 从1972年写起，在"四人帮"专横的日子，匹马单枪，利用每日三点到九点的时间进行写作……1976年粉碎了"四人帮"，举国上下，气象一新。忽然觉得，我尚有余勇可贾，遂决定将清稿工作做得更好些，前所清的不算，从后往前再清起，务求前后平衡一致。为此，基本上重写了。[①]

1978年3月迎来了中国科学的春天，李先生参加了全国科学大会。1979年夏天，李善邦先生五十万字的《中国地震》完成了。

但上苍留给李先生的时间却不多了。1980年初，李先生再次因肺部感染住进医院，这一次他没能再次走出医院，1980年4月30日，辛劳了一辈子的李善邦先生停止了呼吸，乘鹤西去……

李善邦先生在《中国地震》的最后这样写道：

图6-52　1981年5月由地震出版社出版的《中国地震》

> 我们的方针是以预防为主。现在全国各地震区的县级行政单位，差不多都设了专职机构负责地震预测预防工作。这样，我们可望在任

---

① 李善邦著，中国地震，北京：地震出版社，1981，前言。

何发生地震的地方，使震害减少到最低限度。①

《中国地震》这部书从地震这一自然现象开始，讲述了人类认识地震，分析研究地震，进而试图预报地震等地震科学研究方方面面的问题和发展历程。书中讲述的一切都是从李善邦先生一生的地震科学研究实践中得来的。从前面的故事我们可以看到，李善邦先生的地震研究实践来自徐家汇、来自鹫峰、来自北碚、来自珠江路、来自中关村、来自日本、来自美国、来自德国、来自英国、来自全世界、来自他的朋友们。因此李先生撰写的这部《中国地震》不仅仅是中国的，也是全世界的、全人类的。

图6-53　日本《朝日新闻》刊登的关于《中国地震》的书评

（私人收藏）

《中国地震》出版以后，1981年10月12日，日本《朝日新闻》刊登了一篇关于李善邦先生《中国地震》的报道：

### 关于提倡地震预防对策中国学者的遗著

去年4月29日，中国科学院地球物理研究所的李善邦教授去世了，享年78岁。最近北京地震出版社出版了他的遗著《中国地震》。

李善邦先生战前曾求学于东大地震研究所，加利福尼亚理工大学，

---

① 李善邦著，中国地震，北京：地震出版社，1981，612页。

剑桥大学，波茨坦地球物理研究所等学府，作为中国地震学的权威在海内外获得了高度的评价。

本书五十万字，六百四十页，由"宏观地震""微观地震""地震成因"以及参考了丰富的古代历史经验的"中国地震"等16章构成。另外，由于中国河北省在五年前的1976年7月发生了造成24万多人死亡的唐山大地震，本书中特别值得关注的是地震的前兆，通过列举发生异常的具体案例来说明地震预防措施的"地震预报"的章节。

同一时期，东京大学宇津德治教授的著作《地震学》（一九七七年出版），由两位中国学者翻译成汉语出版了。对地震之国的日本，难道没有应该从李教授的遗著中学习的地方吗？

李善邦先生离开了，烛龙仍然在地下偷偷地笑，但正像李善邦先生夜半作歌的那首小诗里写的那样：

> 呀！李善邦，
> 视茫茫，发苍苍，
> 六十年华梦一场，
> 往事如烟，事业无成，文章难就，又何妨。
> 但愿太平日，改弦更张，老夫犹发少年狂，手挽雕弓，射天狼。

如今，张衡、李善邦身后的继起者们，一代一代的地震科学家们，已经从候风地动仪、霓式地震仪，发展成中国大地上包括青藏高原、新疆的戈壁沙漠、内蒙古大草原，以及黄海、东海、南海，覆盖中国大地几乎任何角落的地震台网；进而张衡、李善邦身后的继起者们，又从模拟地震台时代走进数字化时代，"我国从1983年5月开始建设中国数字地震台网（CDSN）……从1996年开始，在中央和地方政府的大力支持下，中国地震局经过20多年的努力，通过'中国数字地震监测系统'、'中国数字地震观测网络'和'中国地震背景场探测'等3个项目的实施，对模拟记录地震台站进行了数字化改造……建成了由国家地震台网和区域地震台网组成的中国数字地震观测系统，截至2017年12月，台站总数为1062个，其中，国家地震台站170个，区域地震台站892个。"[①] 来到21世纪，地震科学家们又在地震灾害严重威胁的地区建立起了可以与地震波赛跑的地震预警系统。

张衡、李善邦身后的继起者们将继续以严谨、实事求是、不断求索的科学精神，坚持不懈地努力，烛龙的秘密终将被揭开！

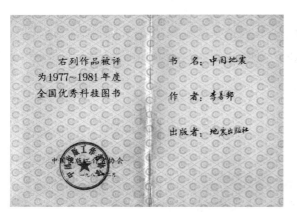

图6-54　1982年《中国地震》被评为全国优秀科技图书

图6-55　李善邦先生主持的中国地震目录、地震区域划分和地震活动特征等工作，获得1982年自然科学三等奖

**插曲：**

1.方俊先生眼里抗战时期的李善邦：

　　我仍旧每两星期到沙坪坝一次。有一次我又去沙坪坝，隔夜与李善邦先生一齐（起）同行，因为他也在物理系兼课。哪知我早上去叫

────────

① 陈运泰著，地震浅说，北京：地震出版社，2019，225—230页。

他，他竟未起床，我只好独自乘船出发。①

我到小十字金坊小巷里的地质所房子去，见到几位同事。记得有王钰先生（1907—1984年，我国著名古生物学家），还有几个工人。我问起李善邦，他们竟笑得直不起腰来。说是他是下午到，正遇见敌机轰炸。他们都躲在一张大桌子的下面，忽然看见一个黑东西从天而下，把前屋的屋檐穿了一个大洞。大家都以为是炸弹了，可是并没有炸，仔细一看，才知道是临近建筑的一块洋灰柱子。也与李先生看了，他总不信，背两台地磁仪走了，也不知道到哪里去了，一直到深更，他才回来。原来那天他乘汽车到了上清寺，又坐洋车到所办事处。洋车夫说已经解除了警报，他还说人家说谎。哪知刚到小十字，敌机已在头上。他急忙走到办事处，此时正是那块大石从天而下，他就不顾一切背起仪器就走，把它存在中央研究院办事处，才又走回来。②

这两部仪器是他回所时才到的，他就借去香港取仪器之名，顺便还乡，想把家眷接到重庆。再回北碚之时，又因拖大领小，行李很多，竟把仪器留在重庆，对此，所中一些人对他颇有意见。这是他一块心病，所以此次不顾一切，总要把仪器保护好。他神情十分紧张，回北碚之后，在很长的时间里，总是歇斯底里似的。③

2.最后的李善邦：

1980年4月30日夜里，李先生在北京医学院第三医院经抢救无效，溘然长世。医生对他的小儿子说，你爸爸的肺只剩下不到百分之十的功能了，可他的心脏却异乎寻常地坚强！你们同意我们给你爸爸做生理解剖吗？小儿子和在场的大姐和二姐商量，他们一致认为，爸爸一辈子都属于科学，让他的身体也献给科学吧！我们同意！

---

① 方俊著，从练习生到院士——方俊自述，长沙：湖南教育出版社，2012，152页。
② 方俊著，从练习生到院士——方俊自述，长沙：湖南教育出版社，2012，153—154页。
③ 方俊著，从练习生到院士——方俊自述，长沙：湖南教育出版社，2012，154页。

图6-56 晚年撰写《中国地震》时的李善邦先生
（老多摄）

李善邦先生和我们大家都一样，就是一个普通人，一个平凡的人，他也会睡懒觉失约，也会胆怯，也会很在乎同事的批评，也会不顾一切，也会歇斯底里。不过，他也很伟大，但他的伟大不是用各种高大上的形容词堆起来的，而是一个有各种缺点、不完美，却又是活生生的，把自己的一生，包括自己的身体奉献给了人类科学事业的，"可以叫人爱敬崇拜感发兴起的大人物！"[1]

图6-57 2002年10月中国第一个地震台鹫峰地震台修缮恢复，李善邦先生的铜像面朝东方伫立在地震台前
（侯江摄）

---

[1] 胡适著，胡适文存：三集，上海：上海科学技术文献出版社，2015，593页。

# 七 大事记

1902 年 10 月 2 日　出生于广东兴宁县叶塘镇田心村

1921—1926 年　国立东南大学文理科理科学士毕业

1926—1927 年　南京钟英中学物理教师

1927—1930 年　广东兴宁兴民中学（现兴宁一中）物理教师，教务长

1930 年初　经恩师叶企孙介绍，赴北京地质调查所

1930 年初—6 月　被派往上海徐家汇观象台气象警报站，随龙相齐学习地震知识

1930 年 9 月—1937 年 7 月　地质调查所鹫峰地震研究室

1931 年 3 月 5 日　《鹫峰地震专报》开始出版，与世界其他地震台交流

1931 年 5 月—10 月　赴日本东京帝国大学（现东京大学）地震研究所学习

1934 年 9 月—1935 年 7 月　赴美国加州理工学院地震实验室学习

1935 年 8 月—1935 年 6 月　赴德国波茨坦地球物理研究所学习

1936 年 1 月—1936 年 9 月　赴德国耶拿地球物理研究所学习

1937 年 6 月　赴湖南水口山做扭秤试验，实验结果《扭秤探测方法大意》1938 年 6 月在《地质论评》发表

1937 年 7 月 15 日　七七事变爆发后，携家人和秦馨菱先生从北平南下南京

1937 年 10 月—1938 年 8 月　与秦馨菱先生赴湖南水口山做扭秤调查，

调查结果《湖南水口山铅锌矿区试用扭秤方法探测结果》1941年2月在《地球物理专刊》创刊号上发表

1938年夏　接到黄汲清先生电报，从水口山经桂林、贵阳等地赴重庆北碚

1938年12月—1939年1月　从北碚赴香港取德国购买的磁秤仪器，取到仪器后携家人绕道越南海防，经昆明、贵阳等辗转到北碚

1939年4月、11月　赴綦江做磁秤测量，测量结果《试用磁秤探测四川綦江麻柳滩铁矿报告》1940年8月发表

1940年8月　开始凭记忆和经验绘制地震仪设计图

1940年11月—1941年6月　与秦馨菱先生赴西康（现四川凉山州）做磁秤地质调查，对攀枝花铁矿的储量及矿石做出定量分析，调查结果《西康盐边县攀枝花铁矿》于1941年10月发表

1942年　李约瑟先生来北碚西部科学院地质楼与李善邦、秦馨菱、刘庆龄会面

1943年8月　历经3年时间，霓式地震仪制造完成，开始记录地震

1943年8月—10月　北碚地震台在北碚西部科学院地质楼地震研究室办公室内建立，10月开始出版地震报告并与世界其他地震台交流，中国用自己制造的地震仪进行地震观测的时代开始

1946年6月　抗战胜利，从北碚复原回南京，由霓式地震仪装备的南京水晶台地震台，在南京珠江路942号（现700号）地质调查所两个废油池内建立

1946年8月—1947年7月　赴英国剑桥大学访问游学

1947年7月—10月　从英国至美国，购买仪器并访问了古登堡等后回国

1948年春天　赴上海和青岛，接收了由法国人主持的上海徐家汇地震台和德国人主持的青岛地震台

1948年6月　赴台湾取回维开式和大森式等地震仪

1949年4月29日　解放军军代表进驻地质调查所

1951年　在霓式地震仪基础上，研制成大、小51式地震仪

1953—1955年　举办三期地震干部训练班

1956年　《中国地震资料年表》编辑完成，由科学出版社出版

1957年　编辑完成《中国地震烈度区域划分图，比例尺1:500万》

1960年　《中国地震目录》编辑完成，由科学出版社出版

1980年4月30日　在北大医院第三附属医院（现北京大学第三医院）去世

1981年5月　遗著《中国地震》由地震出版社出版

2002年10月　在李善邦先生诞辰100周年之际，由李先生亲手建立的中国第一个地震台——鹫峰地震台，经过修整恢复原貌，成为北京国家地球观象台的一部分，地震科普基地。同年李善邦先生的铜像在鹫峰地震台落成。作为北京国家地球观象台的一部分，先后入选全国中小学生研究实践教育基地、地学科普研学基地等

2011年6月　鹫峰地震台入选北京市文物保护单位

2018年5月　《中国地震》由地震出版社再版

　　给爸爸写传记这件事已经在心里放了好多年，但一直不知该怎么写。为此我会在闲下来的时候，翻开爸爸留下的几本日记本。

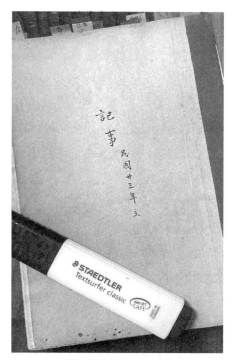

图1　开始于1934年、结束于
1963年的记事本

（私人收藏）

图2　1930—1934年、1937年、
1939—1944年的日记本

（私人收藏）

图3　1950—1965年的日记本

（私人收藏）

2021年5月22号，青海发生了一次7.4级地震。当时我是在网上看到的，不知真假，于是马上给中国地震局地球物理研究所的李丽博士发了个微信。她说是的，而且是2008年汶川地震以后在中国发生的最大一次地震，好在青海地广人稀，没有造成人员伤亡。

这次地震再次引起了写爸爸传记的思绪，但还是不知该如何下笔。有一次社科院近代史所的李学通博士给我发来一篇文章，文章是说1944年爸爸为遇难地质学家许德佑等力争政府给予其家属抚恤而上书蒋介石的。并说你爸爸朋友多，他的信得到非常多人的赞成，纷纷签名表示支持。我想了想，爸爸一辈子的确朋友很多，这时我的心里突然有了一个想法，我是不是可以从"李善邦和他的朋友们"这个主题入手呢？可怎么写我还是毫无头绪。于是我想先从整理爸爸的日记开始，我从7月底开始扫描爸爸的日记。

有一天我又翻开爸爸的日记本开始扫描，映入眼帘的是这么一篇日记：

> 32年（1943年）8月20日
> 地震仪各部设置已至不能再调整之程度，情形尚好，七月半科学社年会时，大公报记者徐盈来参观后，在大公报发表一段消息，颇赞美。
> 老翁（翁文灏）设法加发一个月薪津……

这篇日记是关于霓式地震仪研制成功的。看到这篇日记我一下子想起好几年前的一件事。当时中国地震局地球物理研究所的封长华老师告诉我，她在白家疃地震台的仓库里看见了北碚地震台的大量地震图！那是我第一次听到北碚地震台的名字。于是我马上和她一起去了白家疃地震台，只见仓库里堆着好几堆上面标着北碚的纸箱子，其中有很多烟熏地震图，日期标着1943年。封老师说地球所正在商量如何整理这些地震图。不过当时我没有更多地想这个问题。如今读到爸爸的日记，我突然意识到，1943年8月20日就是爸爸他们研制成功霓式地震仪的日子，而白家疃那些烟熏地震图，就是霓式地震仪研制成功以后，中国人建立的，当时中国唯一一座地震台——北碚地震台记录下的地震图！

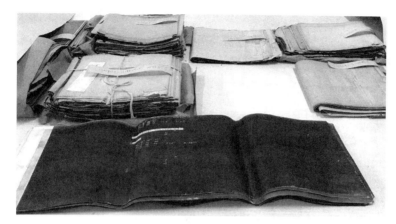

图4　北碚地震台的烟熏地震图

（老多摄）

于是我再次和白家疃联系，又冲到那里，想再看看那些地震图。可这次我没有看见地震图，因为地震图被拉到紫竹院的地球物理所做处理去了。不过我也没白跑，这次在白家疃的仓库里又发现了一大堆，一本一本，20世纪50年代，爸爸和他的同事们、朋友们为编写《中国地震资料年表》《中国地震目录》以及《地震区域划分图》而搜集整理出来的、起码上百本中国各省地震历史资料的合订本。

于是，1943年8月20日的日记、北碚地震台、1943年的烟熏地震图以及20世纪50年代上百本历史地震资料，几件事情加起来，我突然间知道该如何写爸爸和他的朋友们的传记了！转念一想，2022年10月2日是爸爸120岁生辰，2023年8月20日是霓式地震仪诞生80周年，现在不写更待何时？！

就这样2021年8月《张衡继起者——李善邦和他的朋友们》开始动笔了。没想到的是不动笔则已，动起笔来却一发不可收拾。由于已经有了几年的思绪和资料的积累，只用了三个多月的时间就把书的初稿写出来了。

之所以能在这么短的时间写出来，除了有几年的积累，还要感谢爸爸给我留下的珍贵遗产。

　　老多27岁的时候爸爸就离开了，他走后没有留下金银财宝，却留下了比金银财宝更珍贵，更让我受益的东西。爸爸留下的遗产除了上面说的几本日记本以外，就是一些书和十几大本相册。除此以外就是留在我脑海里永远坐在书桌前的爸爸。

　　如今呈现在大家面前的这本书，大家看了一定会发现，这本书基本就是在抄爸爸一辈子的日记。开始我也想，抄录太多日记是不是不太好呢？但抄着抄着我发现，爸爸一生经历的每一个有意义的事件，每一次不寻常的时刻，几乎都有日记。而这些时刻里发生的事件与其说让我来写，不如让他自己来告诉大家。只有他的述说才是最真实、最真切，也是最生动、最能打动人的。我的作用就是把爸爸

图5　爸爸的遗产之一——中华书局的古籍，
由于两次搬家，大部分书被卖

图6　1955年刚刚搬进中国村15楼时的爸爸和我

图7　脑海里永远坐在书桌前的爸爸，与上图是同一个地方

（老多摄）

述说的每一天连起来，而这连接的过程常常会让我眼眶湿润。

初稿写完以后，我又从头到尾修改润色了四五遍。修改完最后一遍以后，我和陈运泰院士联系，我问陈先生，您能不能给我写的这本书把把关，帮我修改一下。陈院士爽快地答应了。然后我接着请求道，您是不是给这本书写个序啊？开始陈院士似乎有些为难。我说，您改完以后再决定吧。

陈院士已经82岁，是我国著名地球物理学家，一位德高望重的老科学家。令老多没想到和感激涕零的是，我把稿子发给陈院士以后不到3个月，老先生不但把稿子修改完，还附有一篇序！序大家已经看见了，而他对书稿的修改，更是异常之认真。陈先生改稿子，不是给我挑毛病，发现几个我的笔误和写的错字，老先生的每一处修改可谓都是画龙点睛。比如我在致谢里写了好几个女士，老先生提醒道，"以上列举的许多'女士'可能是'博士'，宜逐一落实。"

不但如此，出于老先生深厚的学养，还为我不曾想到的地方，增添了光彩。怎么回事儿呢？因为爸爸日记里经常会出现一些英文人名。这些人名是谁我也不知道，只能照抄。另外日记都是手写的，又经过了几十年甚至近百年的时间，有些字迹已经很难辨认。但老先生对这些名字一个都不放过，不但辨认出人名的正确拼写，更可贵的是，还让大家知道爸爸见到的这些人都是谁！比如一段日记："在波士顿参观了麻省理工学院及哈佛大学，当到哈佛大学时径至校长办公室接洽，很客气，表示可以满足我的要求，时值暑假，实验室主要人员都不在，首先到著名的高压实验室，由Bridgman（布里奇曼）的助手带我等参观。"陈先生在这段文字的下面这样补充道："Bridgman 布里奇曼，1882—1961年，美国著名高压物理学家，1946年获得诺贝尔物理学奖，是周培源先生的老师。"还有一段："古登堡教授已老了很多，他带我去地震研究所，在那里见到 H. O. Wood 及 C. F. Richter 诸旧人，并参观地震台。"陈先生在这段日记下面补充的是："H. O. Wood 伍德，1879—1958年，即 Wood-Anderson 地震仪发明人之伍德，美国老一辈著名地震学家。C. F. Richter 里克特，1900—1985年，即与古登堡共同确定里氏地震规模的，美国著名地震学家。"老多请了一位大神给我改稿子！

心中沉积多年的愿望终于实现了。我是李善邦先生最小的儿子，是兄弟姐妹里和爸爸生活在一起时间最长的一个孩子，但写这本书的时候，却让我看到了许许多多过去没有听过，更没有看到过的，爸爸曾经做过的事情，以及爸爸经历过的风风雨雨。所以，写这本书对我是一次最好的学习。

爸爸一辈子爱照相，家里留下的照片非常多，于是这本书里的照片也很多，为这本书增色不少。

无论多么伟大的科学家，他的科学成就都会变成过去时，但科学家的科学精神永远都是现在进行时。

张衡继起者——李善邦和他的朋友们科学精神永存！

老 多

2022年3月14日

于北京牡丹园多草堂

# 历史并不沧桑

　　中国地震观测史，从张衡算，很长；从李善邦起，不足百年，但却步步精彩，段段励志。第一次到鹫峰台，阳光下端望李善邦先生的塑像时，并不那么深刻地知道他有多厉害，只是隐隐地感觉能成为一个行业引路人，即便仅仅是某一个国家的某一个行业的引路人，在芸芸众生中，定是凤毛麟角的不一般的人。

　　即便是在心心念念地想凭一己之力将观象台转瞬间变成龙盘虎踞、上至国家重点任务下至地球所本分职责都担得起、有今儿更有明儿的舍我其谁的国家地震台的那一段时日里，我其实也并不太知道鹫峰台前那个塑像代表着什么。

　　直到有一天，一个自称是李善邦先生的小儿子的、满头花发一口京腔的老多出现在我那光芒万丈的观象台，我才意识到那鹫峰脚下屹立着的是一个真实的灵魂。虽不曾谋面，但他的精神，传承给了我的导师，再多多少少地也传承给了我。

　　老多的这本书，从那一天起开始被我惦记着。

　　2022年7月4日，老多发来杀青稿。我打印装订，厚厚的一大本，每天晚上娃娃睡着了我就翻翻看看。一个"地球所最忙的人"，就这样陪着我度过了整整三周！今日读毕，竟是7月28日夜。想来也算是别样的纪念吧。

　　回首地球所72年的来时路，地震台站及台网观测技术，我们从李善邦先生1930年记录到的第一条中国人自主记录的地震波形开始，从模拟到数字化，到遥测台网技术，再到潇潇洒洒带着中国技术去援建"一带一路"的兄弟国家；地震区划，我们从李善邦先生的第一张《中国地震烈度区域划分图》开始，从烈度到地震动参数，从陆地到海域，一代又一代地走到了今天的第五代区划图，第六代区划图正在紧锣密鼓编制筹备中；非天然地震，我们从李善邦先生对新丰江水库诱发地震的关注开始，服务国际核查、页岩气开采、干热岩资源开发等众多安全与资源领域；重大工程地震安全风险评价，我们从李善邦先生对三峡地震危险性评估工作开始，国内外大型工程的地震安全风险评价工作总也少不了地球所青年学者奔波的身影。

在这样一个雨后大晴却并不燥热的仲夏夜，回读老多整理的李善邦先生的日记，勾画着二十世纪五六十年代的老地球所，眼前却是许许多多热爱着地震研究的学者替换了一位忙忙碌碌的李善邦，在深夜依旧是灯火璀璨的地球所大楼中执着地追逐着同一场梦。

感谢老多将李善邦先生的日记整理得如此完整、清晰，给我们还原了一个有情怀、有温度、活灵活现的李善邦先生。让一个地震学家的报国精神、开创精神、务实精神照耀我们以及我们的后代，在防灾减灾造福人类的道路上奋勇前行。也愿李善邦先生曾经感受到的那推动他完成一系列开创性工作的"一股新鲜力量"，推动着我们更有效地服务国家、服务人类。

一个和李善邦先生长女同名的做地震观测技术的人　李　丽
中国地震局地球物理研究所副所长

2022 年 7 月 28 日北京

# 我与老多和他的科学家爸爸

大约20年前的一个秋日，我到了京郊西山鹫峰地震台旧址，才第一次知道，那就是著名的中央地质调查所当年的地震研究室，也是我国自办的第一个用现代地震仪进行地震观测的地震台。

就在一片松树林前的一幢办公房侧边，见着新立的一座塑像，看了名字，才第一次"结识"一个名叫李善邦的老地震学家。听介绍说，20世纪30年代，由翁文灏先生主持，李善邦前辈负责筹建和技术管理，创建了这个当时堪称世界一流的地震台，开创了中国地震研究的新纪元。

数年过后，经常参加北京青少年科技俱乐部活动的一些著名科学家筹划编写一套科普丛书，并成立了"科学家讲科学"编委会，我有幸加盟其中，结识了著名地球物理学家陈运泰院士。渐次交流中知晓，陈老多年从事地震科学研究，跟李善邦先生有同事之谊，曾在一个办公楼里办公，私交也很好。

这之后又过了几年。一天晚上，我在京城一家书店里翻书，扫了一眼《贪玩的人类》封面，顿生新奇之感；再一瞧作者署名"老多"，又有"没正形"之感；及至浏览目录、速读篇章，不知不觉已被深深迷住，旋即决定将此书"拿下"。

不能说从没见过也从没读过如此风趣的科学史读物，但从观念、视角、结构和语言等诸多方面来看，《贪玩的人类》确有其独到、特异之处。掩卷时我还寻思，这作者究竟是何方神圣，能够"玩"出如此另类的科普作品？

巧得很，半年过后，竟在一次关涉科普的研讨会上见到了老多本尊。

他发言时自称"草根一族"，调侃中语带机锋，时有连珠妙语冒出，坐他对面的我直感叹文如其人。当时也留意到他似乎是随便一说：在和科学有关的地方待了50多年，从小就跟着一个当科学家的爸爸混，长大了又在科学院里给人家干活，然后自个又跑出来玩儿科普。

那时我跟老多还没混熟，好奇心促使我私下去打探，他的"科学家爸爸"究竟是谁……现在，不用说了。读完《张衡继起者——地震学家李善邦和他的朋友们》，我才敢说，我对老多和他的科学家爸爸有了更深的了解，也生发出更多感慨。

科普时报社社长、中国科普作家协会副理事长　尹传红
老多的不常见面的好友兼"粉丝"

2022年11月7日于北京

# 见证历史　与科学家对话

　　读过不少科学家的传记，其中不乏科学家子女或者学生撰写的故事。李善邦先生小儿子老多为其父整理撰写的《张衡继起者——地震学家李善邦和他的朋友们》令人耳目一新。这部传记基于李善邦的日记，并参阅了大量相关文献，又有着亲历者长期的近距离接触，更有着身为科普作家的独特语言风格。此书为读者展示了一部恢弘的中国地震研究事业史，一段精彩的中国科学家的心路历程，一部丰富详实的中国地震事业文献史料，一系列生动鲜活的历史细节。

　　阅读传记，仿佛是在与一位 20 世纪中国科学家轻松对话，又仿佛在倾听他对学术和生活的思考，更像是聆听一位智者关于学术和人生的忠告。本书讲述的是一代中国知识分子近百年的心路历程，并将中国地震研究事业从无到有的过程置于将近 5000 年人类文明的宏大背景之下。让我们与作者一起，"穿越将近 5000 年的时光，去回顾和见证这段光荣历史"。

中国科学院自然科学史研究所研究员　　张九辰
国际地质科学史委员会前副主席

2022 年 7 月 28 日

# 感受前辈的精神世界

早在上中学时已闻知地震学家李善邦先生大名。当时李先生的大弟子秦馨菱先生到家里来与父亲刘东生探讨科研工作，在他们交谈过程中对前辈李善邦先生在地震科学研究领域做出的贡献大加赞赏，满是敬佩之词。而进一步了解李先生则是拜读了这本由先生的小儿子老多根据先生日志整理的传记之后。

我和老多在"地学家二代"微信群中相识，是网友。我们义不容辞地做着同样的事情——整理父辈们留下的珍贵资料，我们的精神遗产。

先生日记中字里行间充满了对地震学科的兴趣，对生活的热爱和克服种种困难的努力。整齐漂亮的中英文字体、摄影绘画功力非后人所及。

先生一生博采众长，留学日本、美国、英国、德国，学为国用。在抗日战争年代不畏艰难保护国家的仪器设备。在艰苦时期先生这样勉励自己："只要精力贯注，何事不可成功，忍辱负重，以待将来"。几十年前教诲至今适用。

从先生的日记中看到：老一辈科学家为了国家和人民的需要选择专业，把为人类做贡献作为自己的事业，从未将个人利益放在首位。他经过不断试验做出第一台现代地震仪，为了工作去台湾取机器而耽误了评选院士，生命的最后时刻还在为祖国的地震事业写建议。试问，当今有几个人能做到呢？

从李伯伯的字里行间同时体味到他对生活的热爱、对父母的尊重、对妻儿的爱护和对家庭的责任。一位慈祥的长辈浮现眼前，感到无比温馨。重现了我在读父亲刘东生日记时的感受，感到亲切而熟悉。

　　我们的父辈同样有着记日记及工作笔记的良好习惯，同样写一手漂亮的中英文字体，同样有绘画摄影技能，同样祖国利益至上、不为名利，热爱事业和生活。他们都受到过良好教育，博览群书。明白了父亲严谨的科学精神不仅仅来自于西南联大的教育，同时来自于老一辈科学家们的言传身教，来自于平时生活中点点滴滴正能量的沁润。愿先辈们的优良传统代代传承下去。

　　老多是与父母一起生活时间最长的孩子，得到父母关爱最多也受益最大。他博览群书，并走访了很多父亲工作过的地方，不辞辛苦地收集资料，整理成此书。了解老一辈科学家朴实无华的精彩人生对青年科学家、青少年学生及幼儿们都有着深远意义。

　　最后以李善邦先生的"夜半作歌，小诗，豪气"共勉。

　　　　视茫茫，发苍苍，
　　　　六十年华梦一场，
　　　　往事如烟，事业无成，文章难就，又何妨。
　　　　但愿太平日，改弦更张，
　　　　老夫犹发少年狂，手挽雕弓，射天狼。

李伯伯安息，后人自强。

国家最高科学技术奖得主
著名地质学家"黄土之父"刘东生之女　刘　丽
旅美教育学者

2022 年 7 月 22 日 于檀香山